唐诗是一曲风流 7

李商隐诗传

孟语嫣/著

时事出版社

图书在版编目(CIP)数据

唐诗是一曲风流.7,李商隐诗传 / 孟语嫣著.—北京:时事出版社,2015.1

ISBN 978-7-80232-809-9

Ⅰ.①唐… Ⅱ.①孟… Ⅲ.①李商隐(812~约858)-传记②李商隐(812~约858)-唐诗-诗歌欣赏 Ⅳ.①K825.6 ②I207.22

中国版本图书馆CIP数据核字(2014)第285705号

出版发行:时事出版社
地　　址:北京市海淀区万寿寺甲2号
邮　　编:100081
发行热线:(010)88547590　88547591
读者服务部:(010)88547595
传　　真:(010)88547592
电子邮箱:shishichubanshe@sina.com
网　　址:www.shishishe.com
印　　刷:北京建泰印刷有限公司

开本:880×1230　1/32　印张:8　字数:170千字
2015年1月第1版　2015年1月第1次印刷
定价:29.80元
(如有印装质量问题,请与本社发行部联系调换)

序言

岁月如梭，白驹过隙。星河流淌的时空之中，有诗人的广袖之风微微荡过。那些曾经走过的记忆，那些闪耀过的纯白灵魂，静静暗藏在诗行之间，默然不语，却暗自萦香。

飞花随意散落暖黄竹席，有古旧诗卷睡倒其上。十指轻抚过柔软的纸页，叹息间，有哀婉悠长的回味。这薄诗藏着多少难数的暧昧时光，含了千百年里诗人化不开的浓重情丝，纠缠纷扰，直叫人难舍难离。

扉页上墨染了三个字——李商隐。

墨汁顺笔而下，落入心中却成为永远抹不去的深深镌刻。那飞逸的笔调，像极了诗人飘在风中的衣角。他仿佛站在高岗之下，蓦然回首，直直地同你对视，顷刻间，思绪飘飞，梦回晚唐。

那是一个你想象不出来的繁华世界。盛唐之下，晚唐款款走来，这是另一种充满风情的时代，没有金碧辉煌，却炫目而深情。李商隐诞生在这个时代，生死于此。捕捉诗人生命的吉光片羽，不禁潸然泪下。

不是李青莲，便没有那仙风道骨的云端潇洒；不是杜子美，也不会在命途中苦苦呐喊忧思。他是李商隐，代表着旖旎、情深；他是李商隐，是李唐时代的光辉里，最盛大的一抹红光。他无所畏惧，站在盛世的末端，见证着一切鼎盛之下的颓唐与衰落。

李商隐，一个戴着镣铐在命运中尽力舞蹈的诗人。

他也有属于自己的梦——为家，为国，为江山。然而人生如蜉蝣，朝夕之间，躲不过风雨飘摇的外界冲击。他跌跌撞撞地行走在那条并不平坦的仕途之路上，尽力保持脚下的平稳。这漫长的前路上，有他此生最为尊敬的师友，也有一生挚爱的伴侣。那些曾经紧握在手心却最终擦身而过的深重情谊，是他生命里最为厚重的积淀，同时也成为他的人生枷锁。

他躲不过命途苦难的夹击，生存在政治斗争的夹缝之间，无力自救。那些漂泊摇荡的日子，他寻不到一艘能够躲避的小舟。浮沉在看不见的政治浪潮之中，李商隐眉宇间的忧愁日日沉重。颔首低回，昏暗的油灯之下，所幸有她相伴，于是挥袖执笔，以诗写殇。

千年之后，君可见，昔时岁月是艰难，情动处也是光阴美满。

目录 CONTENTS

第五章　曲折·波涛宦海里的沉浮

第六章　步履·带上灵魂去旅行

第一章

漂泊·命途多舛少年郎

第一节

身世之谜

盛唐夜唱，诗音盘旋。

在这个古老的诗歌国度里，上演过一代又一代诗人的传奇故事。人们跟着诗人笑，随着诗人哭，伴着诗人且吟且歌。

厚重的历史幕帘下，汹涌过一波又一波的诗潮。大浪席卷而来，拍打着众人的胸肩，最重的一击落在人们心头。那些繁华流走的光阴，那些灯影飘摇的岁月，细碎地散开了，荡漾在一笔笔诗的图画里。

诗人们的笔触一道道地划过盛唐的历史悲喜，此后便有了“曾经沧海难为水，除却巫山不是云”。

时代易弦，历史的万花筒转到新的折射点时，动荡的世事便使那浪漫的歌声消匿了。当现实的冰冷打破了温情的诗人迷梦，当战争的残酷震撼了诗人的灵魂时，诗的颜色不再亮丽，诗的曲调不再明媚。和煦的春风没有了，生机的夏绿不在了，诗人眼中见到的，只有被苦难不断鞭打的黄土大地——满是深秋的萧瑟和严冬的苦寒。

这里，不再是荣光万丈的盛唐之乡，但夕阳的余照尚且眷顾着年迈的朝代，黑夜的脚步就隐藏在晚霞之后。

然后，他来了——执笔下墨，随性书写，褪去华美虚伪的外衣，李商隐带着忧愤伤感的色泽从此登上了历史的舞台。他以家国为圆点，以目光所及和内心忧思为半径，用如椽大笔在诗史中画下完美的大圆。这是诗人希望而后绝望凄美舞姿，这是诗人癫狂而不得癫狂的人生舞步。透过那一曲曲心灵呐喊，我们仿佛还能够窥见一缕历史的光亮。诗行间，有大厦行将崩塌的一角。国家命运的滑铁卢与复杂幽深的个人身世交织，使后人为这样一位诗才的人生轨迹而深深地着迷。

唐文宗太和二年（公元828年），清晨的薄雾正悄悄笼罩着洛阳城，微微的寒意无声侵蚀着城里的每一个角落。流涌的雾岚下，暗自掩藏了些许不属于晨梦的世界。在某个转角的巷子尽头，传来了纸笔摩擦的细微动静。那声音是如此的微不可闻，似乎是一种隐秘的愿望。

金色的晨光正缓缓地刺破云层，射入千家万户的门里。当明亮的光束照在十五岁少年的窗前时，他终于舍得丢下墨笔，大大地伸了一个懒腰。抬眼看向远天，又一个清晨到来。他揉揉疲倦的眼角，并不为伏案抄书而感到枯燥乏味。天下之中，唯有母亲与他心心相连，年迈的老母在夜里曾不止一次催促他早早睡去，他虽不断应允，可手中的笔却从未停歇。

他早已记不清这是第几个不眠之夜了。背负着光耀门楣的重责，怀抱着远大的抱负，他必然要付出比别人更多倍的努力。他知道，沉睡的美梦永远不属于他，从梦中满足而醒的早晨也不会属于他。于他而言，生命目的只有一个——那便是发愤图强，光宗耀祖。

这就是尚未及冠，身正年少的十五岁的李商隐。没人知道他的将来，但所有人都相信，他的刻苦和努力迟早会令他取得相应的回报。

约公元 812 年，李商隐出生在北方一个小官僚家庭，给日渐衰微的李氏家族带来了一丝希望。

李商隐的诞生固然值得李家欢喜，然而屋宇之外，却是隐藏不了的天地动荡。

安史之乱延续了七年多才得以平定。虽得以平定，然整个国家已如同被掏空的金山，徒有其表，朝政不稳，天下大乱。李唐江山受到的打击不可谓不大，随之而来的背叛与勾结也在永不停歇地上演。曾经辉煌太平的大唐王朝，如今已步入垂暮之年。

盛世有盛世之光，乱世也有乱世的壮阔。尽管不同于曾经的繁华，而今的大唐已满目疮痍，然而百足之虫死而不僵，眼下的“元和中兴”已是战后的另一种崛起。即便是李商隐，在今后的时光中回顾历史往事，也禁不住提笔赞美：

元和天子神武姿，彼何人哉轩与羲。誓将上雪列圣耻，坐法宫中朝四夷。

淮西有贼五十载，封狼生貙貙生罴。不据山河据平地，长戈利矛日可麾。

帝得圣相相曰度，贼斫不死神扶持。腰悬相印作都统，阴风惨澹天王旗。

愬武古通作牙爪，仪曹外郎载笔随。行军司马智且勇，十四万众犹虎貔。

入蔡缚贼献太庙，功无与让恩不訾。帝曰汝度功第一，汝从事愈宜为辞。

愈拜稽首蹈且舞，金石刻画臣能为。古者世称大手笔，此事不系于职司。

当仁自古有不让，言讫屡颔天子颐。公退斋戒坐小阁，濡染大笔何淋漓。

点窜《尧典》《舜典》字，涂改《清庙》《生民》诗。

文成破体书在纸，清晨再拜铺丹墀。表曰臣愈昧死上，咏神圣功书之碑。

碑高三丈字如斗，负以灵鳌蟠以螭。句奇语重喻者少，谗之天子言其私。

长绳百尺拽碑倒，粗砂大石相磨治。公之斯文若元气，先时已入人肝脾。

汤盘孔鼎有述作，今无其器存其辞。呜呼圣王及圣相，相与烜赫流淳熙。

公之斯文不示后，曷与三五相攀追。愿书万本诵万遍，口角流沫右手胝。

传之七十有二代，以为封禅玉检明堂基。

这是李商隐最著名的七古长篇《韩碑》。这首诗赞颂和描述的是讨伐藩镇吴元剂的战争，这场战争是元和年间一系列平叛战争中的最关键事件。其在写作手法上叙议相兼，但是以叙事为主，描写了裴度奉命任统帅讨平淮西叛镇，韩愈奉命撰碑及推碑的过程。

这样的赞颂尤其体现在最后一段，描绘“韩碑”关系到国家中兴统一事业，赞美它的不朽，最后以“传之七十有二代，以为封禅玉检明堂基”收束全篇，表明了“韩碑”流传千古的不朽价值。

这首诗也是李商隐的代表作，《艇斋诗话》就曾高度评价道：“李义山诗雕镌，唯《咏平淮西碑》一篇，诗极雄健，不类常日作。如‘点窜《尧典》《舜典》字，涂改《清庙》《生民》诗’，及‘帝得圣相相曰度，贼斫不死神扶持’等语，甚雄健。”

传奇诗人的诞生时代，充满着一切可变因素。这一切似乎都是一种隐喻，诉说着某些无限的可能性。尽管彼时国家不稳，李家内部也日渐空虚，但李父对儿子的诞生仍极其重视。

李父看着尚在襁褓中的可爱孩子，瞅着他那黑白分明的动人眼眸，心中极为宽慰——这是李家的血脉，是李家香火的延续。

家族衰弱何惧？但有青山在，来年荣耀定指日可待。在彼时的李家人心中，幼儿李商隐就是一种希望的象征。希冀之光尽管微弱，却能够在昏暗中照亮所有人的心房。那是一种对于未来的巨大渴盼，那是一种想要扭转家族命运的决心，他们将之全部寄予在孩童身上，望他成龙飞天。

元和时期，不仅是军事上取得平叛战争的一系列胜利，政治上实现全国统一的时期，也是一个人才荟萃的时期。

李商隐出生那年，父亲时任嘉县的县令，但是不到三年，又改任浙东观察史。因父亲官职经常变动，行程不定，时常漂泊在外，所以这一家老小能团聚一次十分不易。

父亲留给他的总是劳碌不歇的背影，那瘦弱的身躯顶起了整个家庭的大梁，更担负着全家人的希望。

童年的李商隐一直跟着父亲漂泊，早早地远离了故乡，因而心中的归属感格外强烈。父亲虽忙，闲暇时仍不忘对小儿悉心教导。父亲不仅教导他“男儿要‘学而优则仕’，要‘修身治国平天下’”，更把光耀门楣的重责交付给他。

在李商隐的记忆里，父亲和他讲过，李家本与当今皇室同宗，如今却越发没落。当时李商隐年纪尚浅，不谙世事的他难以从中明白什么大道理，亦无法理解父亲眼中的无奈和叹气声中的疲惫，但从父亲郑重的话语中，他还是感受到了深沉的期望。他明白荣辱悲喜是与家族的名誉命运紧紧相连的，所以对于父亲的训导他从不敢遗忘，心中时刻想着将来踏入仕途，光耀李家门楣。

年少懵懂的李商隐，尚不懂得光耀门楣为何物，却知道父亲时常独自站在屋檐下，凝望着天空发呆，时而自言自语。父亲的叹息中隐含着太多的无奈，可他那时尚小，完全无法理解这叹息背后隐含的意义。

李商隐祖籍怀州河内（今河南沁阳博爱一带），不过因受父亲熏陶，他一生都称自己是唐氏宗亲，虽然属籍失编、支派已远，但他始终相信自己是龙子皇孙。若从族谱论起，李商隐的原籍是陇西成纪，而唐代开国皇帝李渊也是陕西成纪人。李商隐是汉代名将李广的第三十一代后裔，而李渊是第二十三代后裔，从这个意义上来说，李商隐的确为唐氏宗亲。

李商隐如此重视自己的身世，是因为唐朝承魏晋南北朝流绪遗风，社会上还是一如既往地重视门第。今日再观，唐代大诗人李白和李贺都曾因自己是李氏宗室而自豪，这样的背景在他们少年立下凌云之志时就对他们有着巨大的鼓励和不寻常的昭示，即便这样的背景对他们一生的仕途并无大的影响。李商隐在《哭遂州萧侍郎二十四韵》一诗中曾写道“我本系王孙”，但“王孙”二字不过是徒有虚名，从未使他后来悲惨的人生境遇发生过任何改变。

关于李家的先祖，则成了一个历史谜题，因为有人说，李商隐的高祖李涉，所担任过的最高职务不过是美原县令。至于他的曾祖李叔洪，倒是个颇有才华的文人，十九岁便幸中进士，曾与刘长卿、张楚金等名士齐名，更与贺知章、包融和张旭等人合称为“关中四才子”。正像杜甫很推崇其祖杜审言，并说“文章吾家事”、“吾祖诗冠古”一样，李商隐的创作也很可能受曾祖的遗传。可以确定的是，家庭重文的氛围对李商隐有很大影响。

后至祖父、父亲，混迹一生，不过皆为县令之类的蝇头小官罢了。而史书上曾经连带的李家远祖与大唐李氏的先祖是同族之考证，早已是化为烟云的事情了，于是这又成了一个关于李商隐身世的谜团。

唯一可以确定的是，李商隐的曾祖才高命短，二十九岁便英年早逝，因此这位曾祖对家庭的影响在李商隐出生时已经很微弱了。反倒是曾祖母，性格坚强，丧夫之后艰辛抚养儿子(即李商隐的祖父)，独自挑起生活的重担，因而李商隐很小时，家里人就经常提起这位曾祖母。正是曾祖母这种精神才使得李家不至于门庭败落，从这个意义上来说，这位素未谋面的老妇人才是李商隐的精神源泉和生命之源。

李商隐还有三个姐姐、两个弟弟和一个妹妹。李商隐出生前，长姐就去世了，所以他和这位长他很多的姐姐素未谋面。仲姐在李商隐出生那年便嫁人了，她长李商隐十七岁。仲姐性情温顺，知书达理，又精于女红，可惜遇人不淑，所嫁非人，婚后不久便以莫须有的罪名被休掉。经受此打击，仲姐郁郁而终，年仅十九岁。此时的李商隐还在蹒跚学步，后来略大一点后，他才从大人的只言片语中了解了这件事。三姐嫁到了山东徐家，她的丈夫做官，生活相对安稳。在后来李商隐陷入困窘时，三姐给了他不少帮助。

大姐和仲姐的悲惨遭遇在李商隐年轻的心中种下了惨淡的种子。

唐穆宗长庆元年（公元 821 年），春寒料峭。凛冽寒冬的余韵似乎还在盘旋，潺潺的河水里夹杂着些薄如蝉翼的冰片，在春日的阳光下显得晶莹剔透，一片片蓦地消逝在水中，漂向远方。护城河两畔，垂柳青嫩，在春风中舒展着长发，轻抚着少年的脸庞。这年，李商隐九岁，望向这柔软的江南春景，心中泛起阵阵涟漪。

李商隐是来陪伴父亲的，年幼的孩童对一切未知的事物都颇感新鲜。

江南风景正浓，像一幅画卷，挂在了李商隐的童年时光里。曾经的绍兴、镇江都是文化昌隆之邦，可谓温柔富贵乡、风流繁华地，江南风物的钟灵毓秀、诗情文韵对李商隐产生了潜移默化的影响，锦绣江南的风土人情之美更是在他幼小的心灵里留下了美好的印象，以至他日后诗风的形成和发展都与此有着深刻的联系。而且，这“浙水东西，半纪漂泊”的生活也给了李商隐熏陶和滋养。

诗人后来写的一些描绘江南风景的诗句和篇章，如《和人题真娘墓》、《为荥阳公与浙东杨大夫启》等都是深受江南风物熏染的例证。

虎丘山下剑池边，长遣游人叹逝川。
罥树断丝悲舞席，出云清梵想歌筵。
柳眉空吐效颦叶，榆荚还飞买笑钱。
一自香魂招不得，只应江上独婵娟。

——《和人题真娘墓》

如此具有江南情调的诗句，诗人若是没有少年时代的江南客居经历，是必定写不出的。

温山软水的江南日日如画般美丽，然而却在李商隐的人生中写下残酷的一笔。一年以后，李商隐的父亲在润州任上黯然逝世。

那个早晨的阳光格外刺眼，却又那么冰冷。李商隐的父亲就躺在熟悉的幕府大堂，一切忽然变得那么陌生。

他久久地注目之后，泪水从眼眶中喷涌而出。十岁的李商隐在那一刻突然遭受了巨大的打击。曾经在父亲膝下嬉戏的日子一去不复返了，未来的路忽然变得模糊。一生寂寥的父亲，就连死亡都带着孤独的意味，简单的仪式上，前来告别的人寥寥无几，虽然眼泪早已模糊了李商隐的双眼，可却并没有让眼中前来送葬的人显得稍微多一些。

父亲的早逝是李商隐生命中遭受的第一个致命的打击，这个打击让有着欢快童年的他过早地结束了作为一个孩子应有的快乐生活。

不顾众人的劝阻，母亲李氏带着幼子坚持将亡夫带回故乡安葬。她深知，生前劳苦奔波的丈夫为了仕途一直到处漂泊，心中却始终念着自己的故乡。所以，只有回到故乡，他才能安息。

李氏凝望着夫君的灵柩，双眸含泪，却目光坚定，没有经过太多思索，也没有去理会众人的劝说，她毅然决然地踏上了回乡的路。

就这样，年仅十岁的李商隐身着素衣，高举引魂幡，带着更为年幼的弟弟妹妹们，跟着母亲，扶着父亲的灵柩，踏上了回归故土之路。

这一段路程走得太过漫长，也让李商隐对亲人离世的痛苦感受得更加彻骨。看到母亲沾满风霜的脸，他的心中隐隐作痛，一种强烈的责任感在他心中萌生，他知道，他是家中唯一的希望，要用肩膀撑起这个家。

在经历了一个多月的风餐露宿之后，李商隐父亲的灵柩终于抵达了故乡——河南荥阳。在处理完丈夫的后事后，李氏默默地伫立在丈夫的墓碑前，诉说着心痛，更犹疑着未来。她的眼泪早已流干，阴阳两隔的夫君和一群年少稚嫩的孩子，让她清楚地尝到，原来绝望是这般滋味。

在时局动荡的年代，大多数人无家可归，流离失所。此时，李商隐的三个姐姐早已出嫁，年幼的弟弟妹妹们又不谙世事，刚刚经历过丧夫之痛的母亲精力损耗，苍老了许多。

往日里父亲对他的谆谆教导依稀回荡在耳畔——寒窗苦读，踏入仕途，光耀李家门楣。这深深的嘱托而今更是有着沉甸甸的重量。

还未走出悲伤的心情，李商隐便不得不面对接踵而至的现实问题。

因为战事频繁，村子里的至亲早已走的走、散的散，所剩无几，生存的难题让一家老小颇为焦急。所幸，在族人的帮助下，李商隐同家人住进了两间闲置的屋子。破旧的茅草屋，零散的旧家具，昏黄的油灯，落满灰尘的床铺……眼前的一切极为简陋，但是在李商隐看来却已是天堂了，毕竟他们有了一方得以栖身之地，便值得感激。

诗人曾在《祭裴氏姊文》中这样描述当时的情况：

> 犇夭当年，骨还旧土。箕帚寻移於继室，兄弟空哭於归魂。终天衔冤，心骨分裂。胞胎气类，宁有旧新？叫号不闻，精灵何去？寓词寄奠，血滴缄封。灵其归来，省此哀殒。伤痛苍天，孤苦苍天。伏惟尚飨！

由此可见，当时的李商隐一家人已经到了极其贫困的地步，“四海无可归之地，九族无可倚之亲”是当时这一家人的真实写照。

当同龄的孩子正依偎在父母的身畔撒娇啼哭时，初步安定下来的李商隐已经开始考虑如何凭借自己的力量肩负起整个家庭的重担了。

十岁的他决定脱下孝衣，放下书本，踏上四处奔波的谋生之路。身为长子，本该守孝三年方可脱下孝衣，但如今，生活的窘困逼迫着少年不得不摆脱节义的束缚。在他看来，一家人的生存才是重要的事，眼前最关键的就是如何养活家人，他不忍心看着母亲一个人去艰苦地劳作。

为了谋生，李商隐和家人再一次举家搬迁来到洛阳车甸。

当时的李商隐年纪太小，找一份工作并非易事，工头们一次次的拒绝让他陷入沮丧之中。

许多次，失望无助的李商隐蹲在隐蔽的墙角，泪水暗涌，可一想到自己的家人，他又咬紧牙关，坚强起来，继续找寻谋生的途径。几经辗转，李商隐终于找到了一份工作——舂米。

在没有机械化器具辅助的前提下，完全依靠人力脱去谷壳是一项耗时久、费力大的工作，尤其是对一个尚未发育完全的孩子来说，更是难上加难。一口巨大的石臼在瘦弱的李商隐面前恍若庞然大物，而那百余斤重的碓头往往需要经过三百多次起落才能完成一次舂米过程。

这样繁重的任务让弱小的他汗流浃背，累到虚脱，汗水混合着泪水，漫延开来。但他心里是甜的，因为通过这样的辛劳，他能为家庭尽一份责任。

很长一段时间，李商隐辗转于各种零工碎活之间。在雕版印刷术还未盛行的隋唐时代，“佣书贩舂”的工作对有着一手好书法的李商隐来说可谓福利，凭借着一手清秀的蝇头小楷，他一方面可以通过抄书谋求生计，另一方面也可趁机读到很多平日里罕见的好书。佣书是指给官府抄写文书，以此来换取报酬，《后汉书·班超传》曾记载：“家贫，常为官佣书以供养。”

由此可以看出，这是穷苦读书人谋生的一种手段。贩舂是指买进谷物后舂米出售。当时，以这两种手段获取的报酬是极其微薄的，由此可见诗人当时一家人生活的艰难。

李唐时代，公私藏书，盛极一时。无论皇室王侯，抑或平常百姓，藏书数量皆颇为可观。《旧唐书》记载，唐敬宗时期，曾任检校左仆射的柳公绰，“家甚贫，有书千卷”，甚至连习武之人家中也“于府舍起书楼，聚书万余卷”。李商隐正是当时为数众多的“佣书者”之一。

李商隐常常利用闲暇时间去看自己喜欢的书，书中的文字像一股清泉，在无声的岁月里，涓涓地流入他的心田。因为无论眼前的生活有多么艰难，求学以图仕进始终是他必须遵守的人生原则。李商隐“五年读经书，七年弄笔砚”，早年在随父亲客居江浙时诗人便接受启蒙教育，因此一开始接受的教育就比较传统，也比较正统。

从年少无知的孩童到学会承担的少年，在生活的打磨与艰苦的读书生活之间，他看到了生活的希望。

诞生于盛唐百年后的李商隐，没有赶上磅礴大气的黄金时代，却依然能够在唐朝的尾巴尖上留下盛名，成为晚唐诗坛最闪亮的“三星”之一。在温庭筠、杜牧和李商隐“三星”中，李商隐年龄最小，实力却不容忽视。有的聪慧自天生而来，无关乎年岁的打磨洗礼。有些荣光历经万年永不褪色，全赖于诗人本身的才情令人倾倒。

第二节

白衣少年时

万物有形，光阴无影，时间总是最容易流逝的东西。人们曾经祈求时光停留，它却匆匆而过。所以，凡是能够利用的时间，李商隐一刻都不敢浪费。白天做工，晚上就在灯下熬夜抄书，无数个昼夜就在这种循环中滚滚向前。

东方天际泛起了鱼肚白，洛阳城里的雄鸡啼叫声已过三遍，清风轻柔地抚过原野上凝结的露珠，一片春意盎然的乡村景色。早起的人们开始下地劳作了，李商隐像往常一样，度过了又一个不眠之夜。

望着眼前抄写工整的卷宗，李商隐如释重负。尽管生活艰辛单调，可家乡的自然风光却是对他莫大的奖励。绿油油的青草、芳香的野花、多彩的蝴蝶和片片云影装点着美丽的村庄，悠扬的笛声随风飘荡在整个村庄，田地里默立着的老牛和夕阳剪影下硕大的向日葵，这一切都成了他后来人生中最美好的记忆和抚慰。疲惫时，伤心时，家乡的一切，便会柔柔地在心头浮起。

清晨有袅袅炊烟升起，村头有孩子嬉戏着，这是最美丽的场景，任时光静静地流淌着，冬去春来，家乡的一切却依旧是原来的模样。

家乡虽美，却满足不了他飞腾的理想，十五岁的李商隐已经不满足抄书度日的生活了。在他心中，京城才是实现自己理想的地方，只是时机尚未成熟，他需要厚积薄发，以期未来在京城大展宏图。

清晨的薄雾已散尽，天气明朗了起来，日光透过窗子穿过一层蛛丝照了进来。李商隐从沉思的状态中走了出来，一个美丽的身影闯入了他的世界。她像一阵清风，让他一扫整夜的倦意。

那是李商隐前几日去城里贵人府上送交抄好的书卷时邂逅的一位姑娘。那日小姐们正在花园里追逐嬉戏，她们银铃般的笑声让他为之驻足，大好的春光里，满园春色都张扬着青春的气息。

在众多姑娘中，一个垂头低泣的背影引起了李商隐的注意。那姑娘身材娇弱，身着碧蓝色裙装，手持丝绢，正轻轻擦拭着眼角晶莹的泪。

李商隐心下一惊，正想上前问个究竟，却被府里的小厮引去拿新的书卷了。虽然最终也未能同那位姑娘说上一句话，但他心里却久久未放下那纤弱伤心的背影。

那日的偶遇触动了诗人的心扉，让他久久难以忘怀。

创作的欲望蠢蠢欲动，李商隐拿起砚台上的狼毫小笔蘸了蘸墨，稍一凝神，便提笔写下了一首诗：

八岁偷照镜，长眉已能画。
十岁去踏青，芙蓉作裙衩。
十二学弹筝，银甲不曾卸。
十四藏六亲，悬知犹未嫁。
十五泣春风，背面秋千下。

——《无题》

诗人对少女的描写细致入微。从八岁“偷照镜”开始，到待字闺中，再到十五岁“泣春风”，长时间的生活状态在诗人笔下栩栩如生，呼之欲出。

小姑娘八岁时就萌生了爱美之心，总喜欢偷偷地照镜子。心灵手巧的她已学会拿眉黛描眉，她在悄悄模仿大人的样子，却不免带着些许羞涩。

屈原曾经在《离骚》中写道：“制芰荷以为衣兮，集芙蓉以为裳。”用芰荷和芙蓉制作衣裳，是何等浪漫的情怀！李商隐诗中的小女孩，“十岁去踏青，芙蓉作裙衩”。等年纪稍微长大一点，就可以和邻家的小伙伴们一起到野外踏青去，无忧无虑地奔跑着，天真烂漫地欢笑着，随手采下一朵芙蓉花装饰自己的衣裙都觉得特别美丽。可见在李商隐心中，这个女孩是何等高洁的人物，年纪虽小，却早已懂得向往美好。

“十二学弹筝，银甲不曾卸。十四藏六亲，悬知犹未嫁。”女孩转眼就到了十二岁，到了学艺的年龄。手指上套着银甲，拨动着琴弦，就有婉转的琴声流淌出来。她是那样认真、专注，让旁人注视的目光一度无法离开。她已经懂得如何去做一个有学识的才女，也熟练地掌握了一些本领——“弹筝”，这不过是一切文采与才艺的代称。

十四岁的时候要学着做一个闺秀，大门不出二门不迈是最基本的，还要时刻避免见到男子，即使是最亲的人。她此时早该出嫁，却“犹未嫁”，也许是还未有人懂得赏识她。不难看出，李商隐不过是在借女子以自嘲，自己也早已到了独立之年，却也只能“佣书”于人，欣赏自己的人又在哪里？他有着聪慧的头脑、高远的心气，可此时的他却处于最卑微的地位。一句“十四藏六亲，悬知犹未嫁”，更是在感叹自己的生不逢时。

“十五泣春风，背面秋千下。”女孩从此躲在了闺房里，行动也失去了自由。而对懵懂的爱情，她不敢过多揣测。可是随着时光的流逝，她已长到了十五岁，怎奈其父母尚无许嫁的打算，这对一个已到婚嫁年龄的女子来说是十分尴尬的事情。如此一来，她只能背对着秋千悄然落泪了。诗中的最后一句蕴含着多么悲痛的情感，挣扎在社会最底层的失意才子，看到他人的不幸，不免对自己的身世更加哀痛。

从描述中我们不难看出，这个少女就是诗人的初恋对象。也许正是因为有着青梅竹马的感情，才能有机会对她进行如此细致的观察；正是因为有着深藏多年的感情，才能写出如此动人心弦的诗句。

可现实是冷酷的，年轻的姑娘在“泣春风”的时候，一旁观察她的诗人此时也在“自叹息”。这段懵懂的感情就如夜半突绽的昙花，开得快，谢得也快。

这段感情并没有因李商隐的恋恋不舍而多停留片刻，一转身，便是各自天涯。这样的感情经历让多情的李商隐内心尤为悲痛。年少的感情是青涩的，也许从来不会谈起“责任”这样的话题，也从来没有想到结果，但即使如昙花一现，即使无法失而复得，这样的感情也依然刻骨铭心，多年后再度想起，心中依然温暖，这便是年少时光里最宝贵的记忆。

虽然在后来的生活中李商隐结婚生子，与夫人王氏感情甚笃，但在他众多《无题》诗中依然有相当数量在写这段无果而终的初恋，由此可见这位姑娘在他心中的地位。

昔日美好的情愫被现实的长风吹成了苍茫，怀着惆怅的心情，李商隐只好将这份落寞揉碎在心间，继续过着自己的生活。

此时已十六岁的诗人，在才华和品质渐渐显露的同时，却依然靠“佣书贩舂”过着最底层人的生活。

这首《无题》是诗人艺术创作之路的标志，一开始就弥漫着浓重的伤感基调，诗人生活之艰难，可以想见。这是对晚唐时代煎熬难耐的日子最好的见证，封建王朝正面临穷途末路，以诗为镜，从字里行间，可以见到当时灰暗生活的缩影。

文字是反映一个人的最好载体，李商隐的诗歌正是反映他个人生活际遇和个人遭遇的最好证明，生活的挫折给了他更多的灵感去思考人生、看待他人。用心感受生活的人会格外关注人情的冷暖，他很敏感，容易被感动，也容易被伤害。也正是出于这样的缘故，今天的人们才可以看到那么多令人感动的诗句，那些诗句都源于真情，因此能穿越时空，永放光辉。

哲人说，人不能两次踏进同一条河流。

这正意味着时光难以倒流，岁月一定会渐渐地湮没每一个曾经留下痕迹的脚印，不管它们的形势有多美，不管它们最终走向何方。最终，这些脚印只能像时光碎片一样，纷纷扬扬，留下一片空寂与苍茫。痛苦也好，悲伤也好，时光似乎会冲淡一切，经历过大悲大痛的人们终究要站起来面对生活，这是他们的命运。

年少的李商隐终究还是从丧父的阴影和失恋的苦痛中站起来了。无数次，在风雨中，可以看得见他坚毅的眼神。

他在一次次历练中成长起来。在深秋的黄昏下，他独自站立在萧萧西风里，宛若一只志存高远的鸿鹄。

宝历二年（公元826年）十二月初八，大雪纷纷扬扬，历史性的事件发生了，唐敬宗李湛被宦官刘克明所杀，这位年仅十八岁的皇帝成了政治的殉葬品。

天子驾崩，震惊朝野。然而一波未平一波又起，不久敬宗的遗诏公之于众：以绛王勾当国事，入继大宝。事出仓促，朝堂上下来不及有任何反应，宪宗的第六个儿子李悟便坐上了龙椅。叔继侄位，历史上从来不曾有过先例。所有人都心知肚明，才疏学浅的新帝只是刘克明一伙人为掌握朝廷大权蓄意拥立的傀儡罢了。

虽国势衰微，家境贫困，而年少的李商隐又只是区区一介书生，但他却格外关心国家大事。位卑未敢忘忧国，即使国家从未记住过这位深情的诗人，他也一直把国家放在心上，这是真正爱国忠君的表现。无奈人微言轻，任何人都不会关注他的想法和举动。由此，诗歌便成为宣泄情感的出口。

为了抒发心中真挚的情感，他写下了许多荡气回肠的诗歌。他不仅为自己不幸的身世饮泣，也为时局的动荡和国家的命运而呐喊，他的诗歌委婉深情，他的血气却豪迈万丈。

莫恃金汤忽太平，草间霜露古今情。

空糊赪壤真何益？欲举黄旗竟未成。

长乐瓦飞随水逝，景阳钟堕失天明。

回头一吊箕山客，始信逃尧不为名。

——《览古》

这首借古讽今的《览古》诗，开篇便以劝解的口吻启发当权者不要因国家表面的安定就以为国土固若金汤，因社会繁盛太平就陶醉其中。

古今千年，草木霜露皆有变化。为了说明自己的观点，诗人描写了四件变易的时事：

“空糊赪壤真何益”是发生在南北朝晋宋时期大诗人鲍照身上的故事，那篇名扬千古的《芜城赋》在描述竟陵王刘诞建造宫室的时候，用到了这样的句子：制磁石以御冲，糊赪壤以飞文。

广陵宫的宫门以磁石为原材料，以此防止敌人攻入，而宫墙以赤色泥土涂抹，描绘上光彩流动的图案，美不胜收。可是，这样心思细腻的布局、工整精巧的设计在广陵王谋反失败之后依然难逃化为灰烬的命运。

“欲举黄旗竟未成”说的是发生在三国时期的事。当时，蜀国的君主孙权派使臣给魏文帝带话：“紫盖黄旗，运在东南。”满以为自己有“九五之尊”，定能最终夺得天下。自信满满的神态在这八个字里表现得淋漓尽致。

可惜，在孙权说完这句话不久后，吴国和魏国就相继被司马氏一举消灭。“运在东南”现在听来，全是讽刺。

“长乐瓦飞随水逝”说的是东汉时期的事。王莽篡位失败后，长乐宫遭遇暴风雨，一时间屋瓦皆飞。新莽的朝堂连带王莽亲自下令修建的长乐宫皆随流水消逝了。

接下来讲到齐武帝时期的事，“景阳钟堕失天明”。据说，齐武帝继位后，整日停留在后宫消遣，很难听到端门鼓漏声，于是命人将钟安置在景阳楼上。这样，宫人们每天便可闻声早起，梳妆打扮。

可是不久后齐国灭亡，皇帝的恩宠不复存在，再没有人给那些后宫妃嫔们敲钟报晓了，景阳钟也被人遗忘在脑后。方圆几十里的城池逐渐荒废，那散落在城郭里的残砖碎瓦细数了时光留下的脚印。

汹涌的河水走了，无际的沙漠来了。俯仰叹息间，历史在少年诗人李商隐的笔下从容绽放，熠熠生辉。

“年少佣书”的经历让他博古通今，日积月累的阅读经历使他熟悉了大量历史典故。四则前朝帝王败落的故事仿若他为当朝统治者敲响的四个警钟，大唐歌飞的太平盛世不会永远呈现，稍有不慎便会惹来杀身之祸，甚至国破家亡。

虽然他生活在社会的最底层，但他十分渴望像魏徵一样用拳拳之心回报自己的祖国。写诗明志的目的终究还是为了补救朝廷积弊，但作为一个十来岁的少年，又有谁肯屈身聆听他的呐喊？

此时的李商隐，像一头雄狮，频频发出怒吼，以期望得到回应，毕竟，拯救国家的理想太过汹涌澎湃。

越是压迫，就越是顽强。于是，在这样的逆境里，李商隐的成长更加迅猛，年少的苦难早已助他成为真正的男子汉，比起心中的理想，外界的风雨并不算什么，他绝不是一个轻易向命运妥协的弱者。就如同金庸笔下的大侠，即使眼前一片悬崖峭壁，到了无处生还的境地，也还要放手一搏。年轻的李商隐有的是勇气，有的是斗志，有的是高远的理想，只等一个机会—— 一个出人头地的机会。

同年，李商隐的姐姐因病而逝，这是他记事以来第三个亲人去世。噩耗传来之时，母亲悲痛万分，想到自己的三个女儿先后去世，白发人送黑发人，焉能不悲伤？姐姐出嫁前，李商隐还十分年少，虽然与姐姐相处的时间并不多，但是姐姐出嫁后一直接济家里。姐夫也心地善良，为人正直，性格豪爽，虽然只是在幕府为官，也并不富裕，但还是会尽力资助李家。

年少的李商隐已经开始在风雨中渐渐成长起来。

时光的脚步不停地行进，来不及告别，昨日便已卷入时间的长流中，旋转着成为回忆，然后一点点透明，最终消失。人生总有无数磨难，唯有在风雨中，才能日渐丰满自己的羽翼。

第三节

堂叔的教导

冬去春来，花谢花开。夏日里风姿绰约的树在经历了冬的洗礼后于寂静中坚挺着冷硬的虬枝，没有了秋日的飘逸，失去了春日的妩媚，却以满目的绿印证着生命的印迹和活力。

灯光有点昏暗，抄写好的书卷整整齐齐地码放在书桌的一端。在微微发黄的纸上，蝇头小楷仿佛一朵朵于深夜绽放的菊，熠熠闪光，端庄秀美又不失灵动。

这是唐文宗大和元年（公元 827 年）的洛阳城。年少的李商隐已经小有名气，因为他写得一手秀丽的工楷，很多人因书法而认识了他。不过，脱颖而出不仅因为他的书法，更得益于少年才子轰动一时的文章。那时的李商隐才气初露，对于外界的追捧，心中暗暗欢喜，毕竟人在年少时总是希望得到肯定。

就算是在二十年后，李商隐在亲自编订《樊南甲集》时还在序言里对此事津津乐道："樊南生十六能著《才论》、《圣论》，以古文出诸公间。""樊南"生是李商隐的号，他十六岁写成的《才论》、《圣论》两篇文章使他在洛阳城受人关注，虽然这两篇使他成名的文章如今早已失传，但时隔这么久诗人依然对往事记忆犹新，想来也并非虚词。此句话中可以看出李商隐也曾经对自己的才华很是自豪。

说起李商隐年少成名，一方面是因为他自身极具天赋，另一方面也离不开他堂叔的悉心栽培。堂叔是李商隐少年时代的启蒙老师，他十分感激堂叔在贫寒之中给予自己的无尽爱护，故而在《祭处士房叔父文》中写道："某爰在童蒙，最承教诱。违诀虽久，意旨长存。"

因为家境贫困，李商隐无法像别人家的孩子那样去私塾读书。但所幸他家族中有一位颇具才气的堂叔，才学丝毫不输给教书先生。李商隐对知识的渴望和表现出来的聪慧，让堂叔十分欣喜。相传，堂叔年轻时出入太学，后因厌弃官场的尔虞我诈便发誓放弃仕途，回到家乡耕田读书，过起了隐居的生活。

李商隐曾经在文中回忆堂叔："通五经，咸著别疏。遗略章句，总会旨归……小学通石鼓篆与钟蔡八分，正楷散隶，咸造其妙。”这是何等的才学！在李商隐日后的诸多诗作中，总有一些虚无缥缈的幻境和奇奇怪怪的典故，让后人无法理解其真正含义，想必，这一切都是受了这位有才华的堂叔的影响。

穆宗长庆年间，军阀王智兴因欣赏这位堂叔的才学，便向他递来了橄榄枝，并许以高官厚禄，对此，堂叔却“长揖不拜，拂衣而归”，其为人正直耿介，可见一斑。

这位堂叔给了李商隐多方面的教导：一是对他进行儒家经典的传统教育。在这个过程中，李商隐对很多经典有了自己独特的理解，如他后来在《上崔华州书》中写道：“夫所谓道，岂古所谓周公、孔子者独能邪？盖愚与周孔俱身之耳。”从这篇文章中可以看出李商隐的独特见解。二是堂叔耿直狷介的个性对李商隐有着深深的影响，李商隐曾说：“千百年下，生人之权，不在富贵，而在直笔者。”而最重要的莫过于堂叔对他以后诗文创作方面的影响，虽然诗人在以后的创作中均以近体诗为主，但是从小受到堂叔讲授古体诗文的影响也是很大的。

后来，李商隐用古文写就《才论》、《圣论》，虽然当时官方文体通用四六骈体，但李商隐的堂叔坚持教侄儿学习古文，从中也能看出他以世俗为非的清高孤傲之品质。

少年时期，李商隐一边舂米养家，一边腾出时间跟随堂叔做学问。他如饥似渴地阅读堂叔家中的藏书，《春秋》、

《左传》、《尚书》，他在每一部书中都能饱览自己生活以外的世界。

无数次彻夜苦读和无数次谆谆教导使得李商隐离自己的理想更接近一点，他甚至可以看到理想的曙光。随着知识的逐渐丰厚，他的思想也开阔起来。他的双脚踏在祖先曾创造过辉煌的土地上，自然信会迎来众人瞩目的那一天。

李商隐在堂叔家求学期间，除了阅读儒家经典以外，还广泛地涉猎了经史子集等，对《老子》、《庄子》等这些道家书籍也相当熟悉。李商隐那时对诗歌研究也颇为深刻，杜诗忧国忧时的精神和沉郁顿挫的诗风对李商隐来说具有巨大的吸引力，诗人发现自己对杜甫那些苦心孤诣写出来的精美绝伦的近体诗爱不释手，像《秋兴》八首、《登高》、《登楼》等这些清词诗句在他看来犹如天籁之音。或许在李商隐心里，杜甫的诗就可以用“此曲只应天上有，人间那得几回闻”来形容，虽然年幼的李商隐尚不能全部懂得杜诗的厚重内涵，但是他已经对杜诗这座宫殿初窥门径了。

然而，李商隐最喜欢的还是李贺。李贺早慧，七岁就能写诗，李商隐早就听说他七岁写《高轩行》的事。李贺与李商隐一样，父亲早亡，家中除了母亲，还有弟妹。李贺也身负绝世才华，有诗名之后一直想参加科举考试，但是造物弄人，他父亲名讳“晋肃”，恰与“进士”谐音，于是有些嫉妒他才能的人就故意中伤，说他要避父亲名讳，不得参加考试。虽然韩愈曾写过一篇文章痛斥这些无聊的言论，但是强大的舆论最终迫使诗人放弃考试，并穷此一生。因此，经过如此劫难，李贺写出的每一首诗都若杜鹃啼血般深沉。什么样的生命能经受得住这样的煎熬啊，李贺最终在贫困交加中死去。

李商隐深受震撼，不仅因为李贺的生平遭遇，还因为李贺的才华。

若非少年时期就沉浸在艺术世界里，对诗歌的感伤内蕴和遣词造句有所研究，很难想象李商隐在创作早期就会如此成功地创作出“长吉体”。

凭借着一手好字，李商隐开始替大户人家抄书。他始终在通过自己的努力，让家里的生活能够过得好一些。生活的苦难激发了他对学问的强烈渴望，在《祭裴氏姊文》中，他这样回忆自己艰苦的少年生活：

某年方就傅，家难旋臻，躬奉板舆，以引丹旐。四海无可归之地，九族无可倚之亲。既祔故邱，便同逋骇，生人穷困，闻见所无。及衣裳除外，旨甘是急。乃占数东甸，佣书贩舂。

光耀李家门楣是李商隐一直的梦想，也可以说是那个时代众多读书人的梦想，尤其是寒门子弟，他们几乎把一生的梦想都寄托在家族的兴旺之上。李商隐始终记得父亲说过的话，唯有读书，才能科举高中，光宗耀祖。

也就是在那年秋天，在家人的再三商榷下，堂叔决定带着年幼却颇具才华的侄儿离开家乡。李商隐随堂叔踏上去往远方的路，却又不知道远方在哪里。但此时，堂叔的心中已有了打算——汴州是他们此行的目的地。堂叔希望在那座传奇的古都为侄儿寻求更大的平台和更好的机遇。这是李商隐第一次远离故乡，他的心情是复杂的，但转念一想自己即将迎来人生的新机遇，心情又渐渐明朗起来。

这个秋天，李商隐终于告别了家乡，经过数日的颠簸来到这乱世中的传奇都城。夜已深，李商隐推开客栈的窗，凭窗远眺，一片无边的芦苇荡在秋风中萧瑟地摇摆着，月光皎洁却照不见未来。

两个月的路程让本就年迈的堂叔清瘦了许多，可才到汴州的他却顾不得舟车劳顿，急忙各处奔走，为侄儿寻找伯乐。纵使李商隐满腹才华，但在那个颓唐的时代，想要被引荐参加考试，就需要投到一名有威望的名士门下。正因如此，自古到今，才会有很多满腹才华的人埋没于平凡之中。

唐文宗大和元年（公元827年），刺史大人令狐楚在李商隐的人生旅程中出现了。此人能文能武，颇具才华，有“才思俊丽”的声誉，二十六岁时便登进士第。

说起他最令皇帝欣赏的地方，莫过于他斐然的文采了。据史料记载，“每太原奏至，（德宗）解辨楚之所为”。喜好文章的唐德宗每次都能从众多御前奏章中分辨出哪一卷是令狐楚所为，便足见其文采斐然了。

此外，《旧唐书·令狐楚传》中也记载了一则故事：“郑儋在镇暴卒，不及处分后事，军中喧哗，将有急变。中夜十数骑持刃迫楚至军门，诸将环之，令草遗表。楚在白刃之中，搦管即成，读示三军，无不感泣，军情乃安。自是声名益重。”

从这段记载中不难看出，令狐楚是一名既有胆略又有文采的将军。他在官场的声望随着官位步步高升，他自然也成为天下学子们梦寐以求的恩师，李商隐和堂叔慕名而来，渴望投到令狐楚门下。

在赶往汴州的路上，李商隐起初一路洋溢着按捺不住的喜悦之情，可眼前忽然出现累累白骨，散布在被大火烧得焦黑的树木旁边，是那样的阴森可怖。路旁闪闪发光的兵器，将李商隐从喜悦之中带回了现实，这便是战乱年代的真情实景。

东征日调万黄金，几竭中原买斗心。

军令未闻诛马谡，捷书惟是报孙歆。

但须鸑鷟巢阿阁，岂假鸱鸮在泮林。

可惜前朝玄菟郡，积骸成莽阵云深。

——《随师东》

看到荒郊野外的无名白骨，李商隐不禁潸然泪下。东行的一场战争，每日的军饷就需要上万两黄金，百姓仅有的一点点粮食也被作为军饷缴了上去，一年的辛苦就这样付之东流。用如此大的代价去购买军心，又有什么意义？平乱的军中，从来就没有被挥泪斩首的马谡，而那些送捷报的，就像虚报已斩孙歆而去领赏的将领们一样。建在高阁之上的凤凰巢穴，从来不会被夜里出没的贼人所偷窃，如果朝廷的官员们足够清明，又怎么会让叛乱四处丛生？汴州在前朝时曾是个富饶的地方，百姓安居乐业，生活一片祥和，可如今，层层阴云笼罩下，战火早已将城郭烧成废墟，大地早已被鲜血浸染，世间一片荒凉的景象。

那一日，李商隐和堂叔按照事先打探好的路寻到了令狐楚的府邸，那高大的朱门、直入云霄的飞檐展示着不可亵渎的威严。大门旁有两头石狮子威严地矗立着，巨眼圆睁，极其威严。

刻有“惜贤堂”三个大字的牌匾悬挂在上方，这便是令狐楚平日召见幕僚的地方。

叔侄二人朴素的着装很快引起宅院内值守仆人们的注意。小厮上前来询问，虽然态度不错，语气还算客气，但上下打量的目光还是让李商隐有些尴尬。他们询问许久，却没有要通报的意思。而就在叔侄二人几近泄气之时，府邸中门大开，仆人鱼贯而出，士兵随从各自规矩地走着，直到最后，一顶漆黑的小轿被四平八稳地抬了出来，低调却颇具威严，仿佛深沉不语的老者。

李商隐和堂叔顾不得拦截他们的侍卫，急忙穿过人流，扑通一声，笔直地跪在轿辇前。

简洁明了的自我介绍令轿辇中的人心下一惊。对于年少成名的李商隐，令狐楚早有耳闻，轿辇稳稳地停在了叔侄面前。掀起帘子，跃入令狐楚眼帘的是一个孩童和一位老者。老者虽然面目沧桑却一身正气，而老者身旁那位泰然自若的孩童，想必就是方才说话的李商隐了。

他身着白色粗麻布长袍，头戴一方细软帽方巾，面容纯真，眉宇纯净。他的嘴微微地抿着，一双眸子如璀璨的星，跳跃着满满的自信。

这一刻的他，内心充满着期望——一步步地追逐梦想，慢慢地向梦想靠近。虚怀若谷的他，在谦卑中掩饰着强大，在虚怀中得到了尊严。

第二章

机遇·迈入成人世界的第一步

第一节

才华——走向成功的敲门砖

十六岁的少年，眼中是热切的期盼，他心中知道，这是第一步，心中满怀的梦想和期待也许从这里开始就要腾飞了，他瘦弱的肩膀一起一伏，但内心坚定。虽然他还只是个少年，然而眉宇间已经露出与年龄不相称的成熟。

对于李商隐来说，这次的远行让他的心中又多了几许沉重，加之路途奔波，本已疲惫的心更加疲惫，但他未知的是，命运的转轮正在悄悄转动。

令狐楚看到李商隐时，眉宇间露出了欣喜之情，在李商隐跪拜之时，他伸出手来扶起他，认真地打量他。

眼前这位胡须发白的老人真挚的笑容，让李商隐心中感到一阵温暖，而如今能够投到令狐楚门下，他顿觉前途充满了希望。

当天吃过晚饭后，管家令狐湘带领李商隐去了住的地方——西跨院客房。一进西跨院，他就听到笛声阵阵，忽而轻快舒缓，忽而高亢愉悦，忽而低沉幽咽，悦耳的笛声缠绕住了李商隐的脚步，他听得十分入神。

管家湘叔对这一切都是十分熟悉的，他告诉李商隐，吹笛的人是温庭筠，因深得令狐楚的赏识，他被留在了府中。

其实李商隐早就知道温庭筠的大名，便有意结识，然而湘叔却对温颇有微词，说一般读书人是不应该跟这种人交朋友的。

随后，一个名叫令狐绹的人出现在李商隐的视野中。

令狐绹，令狐楚的第八个儿子，自幼聪明伶俐，精通诗歌辞赋。听闻李商隐是一个才华横溢的才子，他十分欢喜，两人一见面，便十分投缘地聊了起来。

或许这是第一次，李商隐站在豪门中，在穷与富的悬殊差距中真正发自内心地感受到了温暖，就算是以后与令狐绹形同陌路了，他追忆最多的还是这最初的真切的温暖。

也是令狐绹把温庭筠介绍给了李商隐。温庭筠是一个自由不羁、颇有个性的才子。自此以后，这三个少年常常凑在一起把酒吟诗、弹琴论赋。

令狐楚留下了李商隐，但并没有给他安排任何职务，因为他觉得李商隐阅历尚浅，还需要再磨炼几年，于是就先安排他在府中住下，而且决定亲自教他骈体文。这让李商隐兴奋而感激。

李商隐大部分时间都跟恩师学骈文体的写作方式，剩下的时间就是跟令狐绹在一起。令狐绹会给李商隐讲一些宫中趣事，李商隐由此得知当今皇上特别重视宦官，而且任命宦官带兵出征。这样的事，让他十分诧异。

他以前虽然也听说了朝廷中宦官霸道横行，但却难以相信会是宦官掌权。见惯了官场黑暗的令狐绹则不以为然，他以在位两年的敬宗为例，说敬宗每年大概只会上朝三个月，其他的时间基本上都是在中和殿举行宴会，每每通宵达旦，不醉不归，有时还会看宦官击球，每天的大部分时间都是在玩乐。

虽说在进入汴州之前李商隐还没有对现实认识得那么深刻，但至少，社会的不公已经给他留下了不好的印象。他将自己的愤慨和壮志豪情挥洒到飞扬的诗文中。

七国三边未到忧，十三身袭富平侯。

不收金蝉抛林外，却惜银床在井头。

彩树转灯珠错落，绣檀回枕玉雕锼。

当关不报侵晨客，新得佳人字莫愁。

——《富平少侯》

李商隐在宝历二年（公元826年）写下了这首诗。此诗乃托古讽今之作，诗中写了一位年仅十三岁就封官晋爵，却荒淫奢侈、醉生梦死的贵族公子的形象。

如今关于这首诗的控诉对象也是众说纷纭，有人说这首诗是在写敬宗。据《汉书》上记载，成帝年少为皇帝，喜欢微服出行，带着随从出入山林郊外打猎。而敬宗年少，也喜好奢侈和打猎，两人情况是一样的。历史有时候似乎就是这样惊人地相似。诗人借此来讽刺年少的敬宗皇帝奢侈无度。

诗中所述之事虽均为汉代旧事，但实际中心人物不过是个假托性的角色。清代注家徐逢源推断此诗意在讽唐敬宗，其说颇为可信。李商隐采用隐喻这种修辞手法，也是一种明哲保身的做法，这在当时确为明智之举。

当时的诗人写完此诗后似乎还觉得不够，又想起南朝陈后主，他也同样是个无道昏君，一直宠爱张丽华，因此宫中最流行的曲子就是那首亡国之音《玉树后庭花》，于是李商隐又接连写了两首《陈后宫》，其一便是：

茂苑城如画，阊门瓦欲流。
还依水光殿，更起月华楼。
侵夜鸾开镜，迎冬雉献裘。
从臣皆半醉，天子正无愁。

诗句虽平静委婉，但平静的外表下还是难掩诗人对敬宗执政的焦虑。

李商隐熟读经书，对前朝历史当然了如指掌，可谓是随手拈来、涉笔成趣，以史诗来讽喻现实，显得得心应手。

在令狐府的生活一如既往，令狐楚对他很好，亲自教授他骈体文。自有唐一代，古文、骈文各领风骚。骈文自东汉以来，可算是源远流长、根深蒂固，“初唐四杰”的王勃、卢照邻、骆宾王、杨炯都是骈文高手。及至中唐，韩、柳提倡古文也并未扭转乾坤，骈文仍然一直在发展着。骈文的主要特点是骈四俪六，以四字六字的双句为主，崇尚夸饰用典，讲究对偶声律，要求用词色彩艳丽、语句华美，因而对于一般人来说，要真正写成一篇骈文是极其困难的。骈文不仅要求字字有出处，并且要求多用典故，还不能空泛枯燥。如此看来，没有深厚的文学功底是难以写成骈文的。

令狐楚在当时是以“才思俊丽”著称的大才子，与大诗人刘禹锡、白居易交好。闲暇时，他会带李商隐出入权贵府邸，结识一些官员。这时的朝野官员互相倾轧、明争暗斗，始终不停歇，著名的“牛李党争”此时正处于最盛时期。“牛李党争”由进士考试引起，最终形成以牛僧儒、李宗闵为首的“牛党”和以李德裕为首的“李党”。这两个党派无论是在官场还是朝廷上从不来往，并互为敌人。党派纷争使得朝堂内部日渐分崩离析，纵使党派成员尽力维持表面的平静也难以挽回大唐的颓势。

此时的李商隐，偶尔从恩师口中听到朝廷纷争，但不敢过问，也不便过问。恩师对他的厚爱，他铭记在心，潜心学习是他目前唯一要专注的事。

恩师对李商隐的厚爱让他十分感激，他曾经写过一首《谢书》来表达自己对恩师的感激之情：

微意何曾有一毫，空携笔砚奉龙韬。

自蒙半夜传衣后，不羡王祥得佩刀。

他在诗中非常感谢令狐楚传授章奏之学给自己，尽管他大多时候只是在府中捧兵书、携笔砚侍奉在老师左右而已。诗中说的“半夜传衣”是佛教中的故事，说的是禅宗五祖弘忍夜访六祖慧能住的地方，以手杖叩三下，不言离去。慧能心领神会，当夜三更到弘忍的禅房，弘忍以袈裟和法宝传之，慧能捧衣而出，向南离去，开创了南宗。

李商隐用这个典故是要表明恩师亲自传给自己衣钵，表现得丝丝入扣，极为认真。李商隐用典也极为细致入微。有了前面的神来之笔，诗人更加思如泉涌，接着又用了一个关于《晋书》的掌故。李商隐写好之后很想拿给恩师看，但是又不敢，只好暂时先藏起来，希望自己有朝一日可以回报师恩。

李商隐的堂叔见到令狐楚待李商隐视如己出，心中甚为宽慰，后因家中有事，他不得不在安顿好李商隐后回乡。

堂叔对李商隐恩情厚重，有那么一刻，他是想收拾行李随堂叔而去的。但是，理智不断地提醒着少年，光耀门楣的愿望尚未实现，他还不能转身。

堂叔走了，坚强的少年想着自己一人远在异乡的孤独和求知的艰辛，只能流下泪水。

如此恩德，何以为报？他唯有用瘦弱的双肩，撑起梦想。

第二节

莫测的科举之路

“深婉有之，用事巧，讽喻妙。”深夜，李商隐辗转反侧，因兴奋而难以入眠，心中一直想着恩师白天对自己一首诗的评价。他深知只有精进才学，写出好诗，才有可能登科进士，让“致君尧舜上，再使风俗淳”的理想照进现实。所以，李商隐片刻不敢懈怠，更加发奋努力。

令狐楚生平爱好花卉，尤其喜爱牡丹，有时候高兴起来，便吩咐下人搬来座椅，饮酒、赏花、作诗，有时候直至日落月升还意犹未尽。他也很会借用这样的机会来提高令狐绹、令狐绪和李商隐的作诗水准，看他们是否有进步。赏牡丹之时，便命他们分别作一首与牡丹相关的诗。于是，李商隐的那首《牡丹》应运而生：

锦帏初卷卫夫人，绣被犹堆越鄂君。
垂手乱翻雕玉佩，招腰争舞郁金裙。
石家蜡烛何曾剪，荀令香炉可待熏。
我是梦中传彩笔，欲书花叶寄朝云。

恩师见过，连连称赞。李商隐在诗中连用六个典故，几乎是一句一典，虽然辞藻艳丽，将花写得锦绣艳丽，但是诗中也不乏浑厚的气势。

正是因为如此，令狐府中的一些年轻人因羡慕李商隐的才华而与之交好，包括令狐绹。幕府休息日时，大家便一起饮酒作诗，颇为高兴。

偶尔，李商隐还会和令狐绹去孔子故乡曲阜，虽然他并非一直奉孔圣人之言，但只要一想到这位儒家学派的孔丘先生在礼崩乐坏的春秋时代一直坚守着自己的理想、忠于自己的言行，他便肃然起敬，心中也颇有感想。

少年时是无拘无束的，有好朋友和知己相伴左右更是令人心情舒畅。

太和二年（公元 828 年），李商隐十六岁，经过不懈的努力，再加之恩师令狐楚的帮助，他终于取得了乡贡资格。得知这样的消息，李商隐心中激动万分，对于这一天，他渴望已久，他第一次如此靠近梦想。

可偏偏千回百转的命运在此时给振翅欲飞的李商隐出了一道难题。家信随后而至，信的内容几乎让李商隐绝望，信中告知他堂叔病危，速归，若是幸运，或许还可见最后一面。

信笺中的一字一句刺痛着李商隐的心，更勾起了他无限的回忆。自丧父之后，李商隐得堂叔照顾，亲授诗文，如同慈父，堂叔的悉心关怀和教导让他从丧父的悲痛中渐渐走出来，如今却得知这样的消息，他怎能不悲痛万分。

令狐楚看到李商隐满脸忧伤，便扶了扶他的肩膀，吩咐管家拿些银两给他作路上的盘缠，剩下的便作为对他家里的一点补贴。

带着一颗焦急而伤痛的心，李商隐急匆匆地离开了令狐府。

回到家乡荥阳时，堂叔已病入膏肓，眼前这位曾经不惜舟车劳顿、身体劳苦为他找出路的亲人，已两鬓斑白，四肢乏力，脸色苍白。

堂叔知道自己已时日不多，便挣扎着给李商隐讲授五经之奥，将自己全部的人生希望都寄与了他。转眼间，春夏走远，来到了金秋，朝廷的政治舞台上风云变幻，而李商隐则安静地在这荥阳的小村里陪伴着堂叔度过了他人生最后的光阴。太和三年（公元 829 年）三月，堂叔走完了生命的旅程，永远地离开了李商隐。

李商隐跪在灵堂前，痛不欲生，用颤抖的手写下了《祭处士房叔父文》，以怀堂叔。他在这篇祭文中表达了自己深刻的哀思：

“追怀莫及，感切徒深……南港齐名，永绝今生之望。冀因薄祭，少降明辉。延慕酸伤，不能堪处。苦痛至深，永痛至深。”

爱被死亡烧铸成一把利剑，刺痛着诗人的心。对李商隐来说，人生的致命打击一次又一次地缠绕着他，至亲之人的纷纷离去，让他瘦弱的身躯承受了沉重的打击。在料理完堂叔的丧事之后，他便一病不起，疾病与心痛在他的身边缠绕了几个月的时间。

李商隐心中有千般难以言说的痛，身体更是饱受恶疾的折磨。但是想到堂叔多年的良苦用心和恩师不计回报的关爱，又岂能就此沉沦，将家国之事抛于脑后？在一次次的自我拷问和自省之后，李商隐终于振作起来。

这年冬季，白雪飘飘，格外寒冷，但一个消息却温暖了李商隐的心。令狐楚聘请李商隐入幕为巡官，并且特加优待。对此，李商隐心中充满了感激，便匆匆赶去复命。

若非豪门望族，即使是满腔热血的贤德志士，如果期望能够用自己多年的沉潜苦学来报效祖国，实现千百年来读书人成为英雄的梦想，也只得凭借科举或者幕府。

自隋朝以来，科举是平民百姓踏上仕途最直接也是最好的方式，通过科举考试，读书人经纬天下、安邦安民之才能得到朝廷的认可。而在大唐王朝的晚期，许多权势较大的官僚都会收纳大量的幕客，培养自己的政治团体。那些深得官僚认可的幕客，往往在这些官僚的举荐中，通过一定的程序，开始真正踏上仕途，成为朝廷正式的官员。所以，在幕僚的工作中，李商隐埋下了一份希冀。

幕府工作非常辛苦，往往文书堆满案几，并且办公规矩非常严格。李商隐可以咽下这份辛苦，却难以忍受精神上的寂寥。以前春光明媚时还可以与令狐绹等人出去游玩，如今纵然春光与以前一样迷人，但是无人同游，春光自然少了很多光彩。如今，令狐兄弟二人青云直上，昔日同伴如轻尘飞入云霄，自己的路则浊泥沉沦下方，诗人心中很是失落，一种“少不如人，状更如何”的悲戚充满了李商隐的心。

因令狐兄弟两人都有容身之处，所以令狐楚就为他们另构第宅，让他们出去自立门户，当然偶尔令狐两兄弟也会回来。兄弟几人似乎还和以前一样亲切，吟诗作对。一日，后院李花盛开，兄弟几个席地而坐，觥筹交错之间，阵阵微风吹过，李花纷纷飞扬，飞到酒杯之中，大家一致达成以李花为题作诗的决议。李商隐不假思索地吟出一首《子直晋昌李花》：

吴馆何时熨，秦台几夜熏。
绡轻谁解卷，香异自先闻。
月里谁无姊，云中亦有君。
樽前见飘荡，愁极客襟分。

其实李商隐心里十分清楚，若说令狐绹的学识才华比自己高，这是无论如何也不可置信的，因为世间真才，李商隐当之无愧。令狐绹会成功，绝非他才识胜于往昔，而是世风不再，权贵相附，令狐楚的影响力已为渐渐沉沦的王朝所认可。

这样的荒唐故事，长安的百姓都已明晓。在晚唐的科举中，如同这般因门第背景而一跃成为进士，成为未来国家栋梁之材的人，比比皆是。科举考场中，这样的故事总是以乐此不疲的节奏来变异一个时代，来毁灭一个曾经灿烂的王朝。

本为招贤纳士的行卷之策，成了许多缺乏靠山之人，以冠冕堂皇之名，在考试之前就去刻意结交关系的锦衣。世风不正时，人总会有种种门径去引起考官及名流的注意。

从李商隐的《与陶进士书》中可以看出，他对此是深深厌恶的，他曾写信给令狐绹，说道："尔来足下仕益达，仆固不动。"可见此时的李商隐心中已多有不满，烦躁的情绪总是以难以抑制的脚步紧紧逼来。

每当夜幕降临，皓月西斜，凉风怒号时，李商隐总能感觉一股穿心的凉气从腹胸向上涌动，再看看身上的黄色官服——这是没有功名的人才穿的衣服，这样刺眼的黄色让他再次被重重打击。

此情此景，让诗人的心绪再次被触动，他忆起杜甫曾写的一首诗《宿府》，诗曰：

清秋幕府井梧寒，独宿江城蜡炬残。
水夜角声悲自语，中天月色好谁看。
风尘荏苒音书绝，关塞萧条行路难。
已忍伶俜十年事，强移栖息一枝安。

这首诗写的是杜甫晚年漂泊西南，被聘进幕府的事情。当时他年老多病，常常被年轻位高的同僚所歧视，只有在凄清的幕府中长夜不眠，仰望中天明月，不由得心事重重，独自感伤。他虽暂得栖息之地，但境遇凄凉。《唐宋诗醇》曾这样评价此诗："多少心事，于无聊中出之，字字沉郁。"李商隐再联想到自己，眼前自己的境况不正是如此吗？他不禁又开始独自伤怀，漫漫长夜，只能听到更声不断，行路难，世事艰难。

面对人生万难，李商隐陷入了深思，幕僚的生活让他看不到希望，他更希望能凭借自己的才华通过科举入仕。思索良久，李商隐决定将这个想法告诉恩师。

令狐楚对李商隐，在学习上，亲授四六章奏之文；在生活上，不仅仅照顾李商隐，还照顾他的家人。但令狐楚从来没有提起过让李商隐去参加科举，即使偶尔他主动提起，令狐楚也是一语带过。

第二日清晨，李商隐早早便来见恩师，当他把这个决定告诉恩师时，恩师脸上充满惊愕，随后是一阵沉默和犹豫。

一脸执着的李商隐似乎并不明白恩师的迟疑，便跪了下来。

其实，令狐楚并非不愿李商隐入仕，只是他年纪尚轻，加之声名威望也未达于有司（考官），中第的机会渺茫。可是望着李商隐渴求的目光，令狐楚颇为触动，最后应允了他的请求，恩准他暂时停掉在幕府的工作，把全部精力放在备考上，并承担了他应试的一切费用。

也有人劝诫令狐楚，让李商隐先进京去干谒行卷，若是他考前不行卷，中第的机会将更为渺茫。劝诫之人乃节度副史，曾考取进士，自然知道行卷的重要性，更何况大诗人白居易当年还行过卷。

行卷在唐代是一种极其流行的风气，是指那些认为自己有才气、有天赋的人，在考试之前把自己平日写的诗文加以整理，继而送给有地位的人——他们是在政治上、文坛上有地位的人及与主考官关系特别密切的人，可推荐人才，并参与决定名单名次——如此一来，行卷之人考试成功的机会便会骤增。

行卷的内容，贵精而不贵多，并且在决定向谁行卷时，需考虑对方的身份、地位和政治面貌。这种行为后来形成一种风尚，被称为“行卷”，这样的风尚对当时以及后世的文学创作都有积极的影响，文坛前辈对行卷之人多加以热情鼓励和指点。

综合各种考虑，令狐楚放弃了让李商隐行卷的想法。在令狐楚心中，李商隐是个很有才华的年轻人，四六章奏文字，甚至已经超过了自己，篇篇绝妙，所以决定任由他参加科举去发挥才能。

大和五年（公元831年），李商隐赴京应试，在考场上，他笔墨飞扬，才思如流，倾尽才华去书写这命运的考卷。

搁笔之后，便是漫长的等待，那段装满了复杂心绪的时光，仿佛被无限拉长。他不知道的是，这场所谓的“文场公开”的考试，早已被考官们定好了中举的人选。不仅如此，甚至连名次排序也在开考之前就已尘埃落定。李商隐虽懂得科举背后那些“行卷”、拜“座主”、通“关节”的伎俩，却不屑于去走这样的“后门”。虽然他有恩师令狐楚作为自己的支持者，只凭他的一封亲笔书信即可打通诸多关节，可身为才子的他，硬是要凭借文人的傲骨，凭借自己的真才实学，为李家光耀门楣。

终于等到放榜的那一天，李商隐在红榜上寻找了几遍自己的名字，但是终未找到。一瞬间，重重失落感袭来，光芒万丈的梦想还未照进现实，就已经被残酷的现实打散。

他失魂落魄地游荡在街上，整日与酒为伴。街上人们的欢声笑语亦如往昔，灯火通明的洛阳城依旧如此喧哗，只是这些繁华都不属于他，他也忽然明白了恩师令狐楚当时的犹豫。

落寞与迷茫，汹涌成一股洪流，涌向他失望的心。他不知道该怎样去答这现实而残酷的考题。

落第之后的李商隐，在赠《宇文中丞》一诗中这样写道：

欲构中天正急材，自缘烟水恋平台。

人间只有稽延祖，最望山公启事来。

这位宇文中丞，便是当朝的御史中丞宇文鼎。“欲构中天正急材”，隐喻国家正在构筑“中天”大厦，急需招贤纳士、网络人才，李商隐素来追求仕进，认为自己是个人才，想要为国家尽自己的一份绵薄之力。可“自缘烟水恋平台”，却表明了他不愿随波逐流，更不愿进行那些可耻的勾当。“人间只有稽延祖，最望山公启事来。”此句用反语一语道破，只有稽延祖那样的人才会通过不正当的途径爬上高位。

他没有回到幕府，而是回到了洛阳老家，一病不起。令狐楚听说后，特命管家湘叔前去探望。在湘叔的帮助下，李商隐得到了很好的医治，病情也渐渐好转。

时光匆匆，转眼已是太和六年（公元832年）二月，朝廷调令狐楚检校右仆射兼太原尹、北都留守、河东节度使，所以他将前去太原。

令狐楚在接到诏命后，便想着要带李商隐前去太原幕府，以方便调养他的身体。对于令狐楚的恩遇，李商隐充满了感激之情。

第三节

毫无悬念的落败

太和七年（公元833年），对仕途抱有信心的李商隐再次参加科举考试。那是一个显得萧条的春天，极目人间大地，这春日的生机似乎显得有些疲惫，神都洛阳的街道上人来人往，喧嚷而繁华。这已经与东方明珠般的大唐王朝显得有些格格不入了，又是一年应考的时节，又是一个让无数学子精神紧绷的日子。

二月，春寒料峭，李商隐却躁动不安，他心中有太多的惶恐，假如再次名落孙山，将是对满怀豪情壮志的人生理想的否定，那么曾经“拟凭朝气起沉阴，生憎节物去骎骎”的书案生活将在这一刻踏入无边的黑夜。“匡扶志业托讴吟，只应不负岁寒心”。多少年的汗水，多少次在泛黄的书页间血气澎湃、斗志昂扬，但这一切都将付诸东流，人生的精彩期盼将无法在伟大的王朝里呈现。

科举考场犹如官场，令狐楚对李商隐此次科考依然心存不安，他想起了一位官员所说的话：李商隐不够圆滑，更不会察言观色，即使进入官场怕也是难以立足。

令狐楚的不安更是因为科考知贡举是“李党”中人，即使学贯古今、才纵四海，科考知贡举也难以公平而待。面对恩师的语重心长，李商隐心中百味杂陈，他十分清楚，恩师所言都是实情。这些年来他已将官场看得十分清楚，已经不再是那个天真的少年了。但纵使如此，李商隐还想再搏，只为心中多年的梦想与坚持，然而现实总是无情的，金榜之上依然没有李商隐的名字。

初试锋芒，却铩羽而归，李商隐吟起李贺的《致酒行》：

零落栖迟一杯酒，主人奉觞客长寿。
主父西游困不归，家人折断门前柳。
吾闻马周昔作新丰客，天荒地老无人识。
空将笺上两行书，直犯龙颜请恩泽。

我有迷魂招不得，雄鸡一声天下白。

少年心事当拿云，谁念幽寒坐呜呃。

李贺的这首《致酒行》以抒情为主，运用主客对白的方式，不作平直叙写。诗中涉及两个古人的故事。

《李长吉歌诗汇解》引毛稚黄说："主父、马周作两层叙，本俱引证，更作宾主详略。"《李长吉诗集批注》中说："'少年心事当拿云'，俗吻冗长切去结，佳；再读又歇不住。"

这首诗大意是写李贺满怀希望地迎接科举考试，最后却被剥夺科举考试资格的事，此时的李商隐和李贺一样，心中遭受了沉重的打击。

李商隐注定要走一条曲折坎坷的应举之路，曾经自信的他并不能得到肯定，因为那时的他与大多数考生一样缺乏权势背景，如此的社会环境让他不得不承认没有背景要进入仕途是极其艰难的。党派纷争也时刻像梦魇一样缠绕着他，主考官不会将敌对派的人送上宽大的金榜的。

在《送从翁从东川弘农尚书幕》一诗中，李商隐曾将考官比喻为"鸾皇期一举，燕雀不相饶"。很明显，他是在表达对当时科举考试未能公平选录的深深谴责。但应举的失败并没有击溃李商隐强大的内心，他没有因此而觉得是自己的学识不能治世，自己不能成为治世之能臣。

京师虽然不再是那个辉煌大唐的京师，但是这没落的繁华依然显得很灿烂，石板铺就的街道两旁一片片的酒幌随风飘摇，饭馆店铺绵延，这让李商隐想起了十五岁时随堂叔去往汴州时看见的路旁的白骨、饥饿的百姓，名落孙山的悲伤、脑中呈现的画面让他心中涌起难以言说的滋味。

怀着沮丧和伤感，他回到洛阳家中，终于病倒在了床上。一个月左右，他的身体稍稍恢复，便只身来到荥阳。他先是来到堂叔的坟前祭扫，对着那寂寥的黄土与荒草，倾吐心中的失意与寂寥。

李商隐又来到荥阳刺史府干谒萧浣大人。两人一见如故，萧浣对李商隐甚为欣赏。

李商隐身处夕阳楼，心中积蓄很久的情感犹若九天银河般迸发：

花明柳暗绕天愁，上尽重城更上楼。

欲问孤鸿向何处，不知身世自悠悠。

李商隐自注《夕阳楼》曰：“在荥阳，是所知今遂宁萧侍郎牧荥阳日作矣。”此处所论及的萧侍郎，即萧浣，于太和三年（公元 829 年）出任郑州刺史，李商隐此处所写的“夕阳楼”乃萧浣所建。

那年闲居在家的李商隐，结识萧浣，两人一见如故，萧浣对他甚为欣赏，故而推荐给华州刺史崔戎，而崔戎正是李商隐的表叔。无论是对李商隐今后漫长的仕途，还是对他整个的人生思想来说，崔戎都恩深似海。萧浣对李商隐有此知遇之恩，故题注之中称萧浣为“所知”。

诗的头两句将“花明柳暗”的风景与“上尽重城更上楼”的先后顺序倒装，“欲问孤鸿向何处”却又是顺叙，足见李商隐才情勃发的力量。

此时的李商隐在曲折的人生路途中，灵与肉正遭受着痛苦的煎熬，身心疲累，眼中的世界是那样朦胧，心灵深处的天空满是愁云，内心压抑又孤独。故而“上尽重城更上楼”，心中万般的情感顿时迸发，只因多年的苦读换来的却是无可奈何的失落。“上尽”，还要“更上”，这让李商隐感到了疲惫，此时的更上一层楼成了一种负担。在迷茫的人生途中，那是一种难以承受的负担，精神的折磨让他有着难以言说的痛苦。

登上高楼极目苍天与大地：花明柳暗，落落断鸿，让人断肠。自古以来，诗人描摹景物之时，都会应情择景。此处，也可见诗人拥有独特的审美，眼中之景在诗人心灵中加以主观化的熔铸，纳入自身的情感加以酝酿，便成为诗人心中的景物。

花明柳暗本来应该是一派生机盎然的景象，诗中的描述理应是一片春意，但是李商隐的诗中却没有这样的逻辑，他不是寻常人，所以他做的并不是寻常事。他把弥漫在胸中黯淡的愁云，以迅雷不及掩耳之势转移到周围的景物上，所以我们看到：春色蒙上了一层黯淡色彩，随之是漫天愁云。随后，诗人没有继续蔓延下去，而是把这漫无边际的愁云放大至天空，瞬间就可以感受到，这样的愁放在天地间是何其大也！

李商隐在遣词造句上是非常讲究的，同一事物，他不说“柳暗花明”，而写成“花明柳暗”，词序排列由明而暗，而愁亦显出情绪变化的层次，如按照通常“柳暗花明”的说法，便乱而无序了。李商隐的坎坷科举之路成了他多年以来心中的黯然之愁。

第三句中“孤鸿”在万里长空的漂泊，更是凝聚了李商隐孤独无依的万千愁绪。这里的孤鸿被李商隐巧妙地人格化了，在孤鸿的身影里，他看到了孤单的自己，更把自己当成了一只漂泊的孤鸿。和孤鸿一样，他并不知要飞向何处，天地之大，哪里才有他真正的容身之处？

写孤鸿，也是写自己。孤鸿的命运就是此刻诗人的命运，诗人和孤鸿要承受同样的孤独。在时代的洪流中，如此又徒增一种自己对生命和人生的感叹。

或许此刻的李商隐正在思索自己未知的命运，在天地中，自己显得如此渺小、茫然。李商隐只能一次又一次地在人生的十字路口踌躇。

生命的征程漫漫，在那个充满无奈的时代，李商隐好似沧海一粟，党派争斗不休，朝廷混乱不堪，天子无力应对，所有的一切都彰显了现实的无力与苍白。

李商隐若是想进入仕途，在那个无数人梦寐以求的地方大展宏图、泼墨人生，必然将面对一次又一次的黯淡命运，因此多少年的不断科举，也只能得到同样一个失败的结果。

此刻的诗人失落至极，突然想到自己可怜的身世，过早离世的父亲使得他早就不知道温暖是什么，只有堂叔的垂怜才使得他有所依靠。待诗人慢慢体会到人生的不易和社会的黑暗时，殊不知，时代的风云还会继续变化着，那滚滚向前的车轮并不会因小人物的悲欢离合而停留下来。

表叔崔戎在此时扮演了给予李商隐温暖的角色，表叔的支持与鼓舞让他暂时忘却了落第的痛苦。在即将离开华州前往兖州赴任时，崔戎邀请李商隐去郊外游玩。《春游》一诗正是作于当时，其中“庾郎正年少，青草妒春袍”两句，是他在用青年才俊庾翼自比，又表现出超然物外、自视不群之感。以诗观人，可见李商隐早已放下落第的包袱，重新焕发了斗志。

唐文宗太和八年（公元834年），崔戎前往兖州赴任，那里盛产般肠竹笋，一次筵席之上，李商隐生平第一次尝到了般肠竹笋的滋味，那特殊的清甜口感让他顿时诗兴大发，就在席上赋诗一首：

嫩箨香苞初出林，於陵论价重如金。

皇都陆海应无数，忍剪凌云一寸心。

——《初食笋呈座中》

竹生于笋，长大而成林，一碟竹笋让李商隐联想到了人，人由青年到壮年，历经多年的努力才成长为国家的栋梁，就像竹笋成长为竹子一样。客人们为了满足自己的口腹之欲，将竹笋挖了出来，生生地断了竹笋的未来成长之路。这是他对自己身世的感慨，他多希望自己能像一棵茁壮成长的竹笋一样，有朝一日成为竹林。一碟竹笋重新引燃了李商隐对仕途的渴望，他一腔凌云壮志，渴望在已是末路时期的晚唐得到施展。

命运不厌其烦地再一次捉弄了李商隐，表叔崔戎给他的温暖仅仅持续到公元834年六月，刚刚到任兖州不到一个月，崔戎便暴病死去。表叔曾经一度是他心灵的依托，失去表叔的悲痛，让他根本无心再做任何事情。此后一年间，李商隐在郑州与长安之间频繁往来，从他的诗作中就可以看出他对表叔的深切思念：

竹坞无尘水槛清，相思迢递隔重城。

秋阴不散霜飞晚，留得枯荷听雨声。

——《宿骆氏亭寄怀崔雍崔衮》

李商隐怀念表叔一家人对自己的照顾，并对他们进行歌颂。表叔的离世不仅让他失去了感情上的依靠，他更是失去了在事业上提携他的人。

第三章

金榜·机会从来只留给有准备的人

第一节

爱在情窦初开时

总以为爱情就像昨日的余香，化作一场美梦，让人朦胧的情怀里燃烧着爱的憧憬。情窦初开，只为一片爱的痕迹。

风光冉冉东西陌，几日娇魂寻不得。
密房羽客类芳心，冶叶倡条遍相识。

——《燕台四首·春》

春光烂漫中寻找娇魂而不得，却想到了初见的美好场景，这是令人终生难忘、魂牵梦绕的感受。诗人是多情的，在没有皈依的现实里，只有在酒后于梦中尽情吟咏，《燕台四首·春》

便表达了作者躲在暗夜的角落里独自饮泣悲伤时的感受。

在洛阳闲暇了几日后，李商隐巧遇堂兄李让山，堂兄盛情邀请他前去家中做客，这让无处可去的李商隐在这失落的异乡顿时有了归属感。也是从此时开始，李商隐失落的人生故事里有了新的波澜。

一日，李让山骑马归来，在柳家庭院稍作歇息时，情不自禁地吟咏起李商隐的《燕台四首·春》来，就在吟咏完正准备起身离去时，柳家院门突然打开，走出一个貌美的姑娘，姑娘询问，是什么人竟能写出如此美丽的诗篇?

李让山告知姑娘，他刚刚所吟诵的正是堂弟李商隐的诗，随即又应姑娘的请求继续念了几首堂弟的诗。姑娘认真听完，面露欣喜的神情，并提出与李商隐见面的请求，虽然姑娘的率真让李让山惊讶，但是看到她神情中的敬仰之色，他欣然应允。

李商隐从堂兄处得知这件事后，感到受宠若惊，有人对他的诗大加赞赏，这让迷茫痛苦的他看见了一丝光亮。听说姑娘要见他，他一脸茫然，不知如何应对。身为一名落魄才子，他却要去见这样一位富家小姐，这样的身份差距让他有些退缩。

堂兄李让山不顾李商隐难以平静的心情，硬是拉着他来到了柳府。夕阳下，远处一抹淡黄色的身影美得那么不真实。李商隐不敢抬头，低着头的他只能看到浅黄色的罗裙和一双绒球绣花鞋。在堂兄李让山的引见下，李商隐知道，这就是那位名为柳枝的姑娘了。柳枝轻步走到他的面前，却让他更加不敢抬头，手足无措的他只能感到一阵好闻的香气扑鼻而来，脸上顿时滚烫了起来。

一声莺语，缓慢轻柔，犹如出谷黄莺，眼前这位女子娇羞地说出自己对李商隐的仰慕之情，李商隐的头则越埋越低。

柳枝一番介绍之后，李商隐方才抬起头来看一眼跟前的这位姑娘，姑娘的相貌和她的声音一样迷人，明眸皓齿，皮肤白皙，不施粉黛却胜过朝霞白雪，额间一抹落梅妆，更是充满灵韵。灵动的双眸像清澈的泉水，涤荡着李商隐的心。那目光是如此的含情脉脉，相比之下，李商隐显得那么的懦弱。柳枝绯红的脸颊终于给了李商隐自信，他鼓足了勇气看着这名如同画中走出的女子，目光渐渐变得坚定起来。

柳枝见李商隐默不作声，先打破沉默，微微一笑，从路边折下一枝柳，用柳枝打上一个结，递给李商隐，随即走开了。原来，在姑娘居住之地，不久就会举行一个盛大的节日，姑娘此举意在邀请李商隐参加盛会。李商隐受宠若惊，望着姑娘远去的背影，一种甜蜜的感觉油然而生，不曾想科举的落第却带来了爱情的降临，他开始在心中隐隐地渴望着再见她的明眸，期待着后来的故事。一抹浅浅淡淡的喜悦在他的心头晕染开来，如同陈年的美酒，只闻酒香，也足以醉人。

李商隐还沉浸在甜蜜中时，却万万没想到他和柳枝今生的缘分也仅仅限于此。李商隐回到客栈时，发现自己的行李不翼而飞，读了桌上留下的字条才知道，好友温庭筠不仅拿走了他的行李，还拿走了所有的书籍。这些书籍是李商隐平时最宝贵的东西，他一定要追回来。

得知温庭筠去了长安，李商隐便急忙赶去长安，虽然心中一直念念不忘和柳枝的约定，但无论怎样，他最终还是失约了，他辜负了一个一往情深的女子。

沧海相逢，是难得之缘分，世界只在彼此的目光中，可转身之后，又是沧海，两种人生，不再相逢。失约之后，李商隐一直对柳枝难以忘怀，心绪萌动，便写下了款款深情的诗句。《柳枝五首》就是作者为排解这无尽的惆怅而写成的：

花房与蜜脾，雄蜂蛱蝶雌。

同时不同类，哪复更相思。

——《柳枝五首》其一

蝴蝶作为美好但受伤的爱情化身由来已久，诗人是用蝴蝶的灿烂美丽和转瞬即逝的特征来象征爱情的美好和凄苦的，由此可见，诗人对这次无望的爱情做了一次神圣的祭奠，而诗人自我影像的投射，赋予了这样的爱情一种“缺憾”的特质。

到达长安之后的李商隐，马上写信给堂兄，希望他代为解释自己失约的原因。他知道，柳枝是那么温柔，一定会理解自己的苦衷。可寄给堂兄的信如同石沉大海，李商隐从最初的宽慰变得惴惴不安，他猜测是柳枝不肯原谅自己，一丝失落萦绕在心头，久久不肯散去。

冬日，从堂兄口中得知，柳枝已嫁人为妾。闻言，李商隐心中充满了自责和懊悔。想到初次见到柳枝时她眼中期盼的神情，不知她是否会怨恨，是否会一个人在深夜吹着幽怨的曲子，如果此时见面，李商隐站在长亭里，也必然会折下柳枝来赠给心爱之人。

诗人总以为自己一生也无法从失去柳枝的阴影中走出，或许他更加明白自己的处境，他只是个落魄潦倒的书生而已，一无所有——仕途无望，感情也受挫，看来人生也是无望的。此时的李商隐带着一颗看破红尘的心来到清都观，一住便是三个月之久。

此刻，他眼前的前程就如同虚无缥缈的梦中幻境，看得见，却摸不到。“学仙”不过是追求一种精神上的慰藉，与他一直渴望却无法步入的仕途相比，扑朔迷离的仙境更能让此时的他感到满足。让李商隐意想不到的是，在“学仙”的过程中，他竟然在女冠的身上第一次获得人世间的爱情。

隋唐时代，佛教和道教都备受尊崇，道教的地位更胜一筹。皇帝和政要为了追求长生不老，修摄、炼丹都成为当时的风尚。政坛显要、文坛巨子大多与道教有着或多或少的关联，就连唐代名相魏徵也曾经出家做过道士。于是，那些落地的举子便将道观当作走上仕途的一条捷径，更当作做官的另一条门路。

道观中不只有做官的机会，更有爱情的守候。道观中的女冠们，年纪轻轻就将青春交付给道观，没有人身自由可言，“幸福”二字更是不知为何物。她们的职责是在道观中侍奉入道的公主贵人，如果公主贵人“仙去”，她们便要每日供奉着一张画像，直到终老。没有人知道她们心里的苦，她们的青春和爱情都在道观中断送，即便偶遇心仪的对象，也往往沦为权力与仕途中的玩物和牺牲品。

就像李商隐和宋华阳的爱情。李商隐当时的诗作，便是挑战封建礼教的记录。

宋华阳是公主的婢女，面容姣好，通晓音律，最初李商隐正是被她的悦耳琴声所吸引的。

宋华阳陪伴公主一起修道，当她得知李商隐想出家为道士时，心中极为不快。眼前的李商隐正值意气风发之时，若只一心为道，不问世事，不仅有辱自己的理想，更愧对祖先，况且河内人已经有好几代人不出来做官，李氏先人的本意恐不在此。虽为一介女子，却有如此的胸襟，这让李商隐非常动容。

沦落荒野、坎坷落第的李商隐顿时像找到了知音，潸然泪下。傍晚，李商隐回到清都观琼瑶宫又不禁独自伤心了一回，但是一想到女道姑紫巾下圣洁的容颜，内心却难掩激动之情。

夜晚，看着皎皎明月，李商隐和一个小道士谈着各自的心事。

小道士说到了他喜欢的一个小妹，这个小妹如今也是公主身边的婢女，与宋华阳一起侍奉公主。说到她的身世时，小道士长叹一声：小妹原本是很好的姑娘，出生在黄河岸边，但是有一年黄河泛滥，黄河周围的人都受了重灾，他们一家逃难到洛阳，为了活命，她的父母只得把她卖给一个太监，那时正逢太监为后宫选宫女，小妹进宫后就在安康公主身边做了一个小丫头，公主从不亏待下人，这让她十分放心。后来公主出来修道，也把她带了出来。

李商隐听了小道士这番话，突然想起宋华阳，此时她在做什么呢？小道士显然看出了李商隐的心思，便提议上山去寻她们。

这道观里的一草一木小道士都清清楚楚，于是他们离开清都观上山而去。山风呼呼地吹着，带来阵阵凉爽的气息，这凉爽中夹杂着松香、花香和果香，山路是阴暗的，两旁有萤火虫飞来飞去，这亮光像一束束希望之火，将他们引向道观。

他们来到窗外，在众多的道姑中，李商隐找到了宋华阳的身影，这是记忆中那张熟悉的面孔，烛光中，她满脸虔诚，双眼微闭，脸颊绯红。

不一会儿，道姑们起身，安康公主起驾回玉真堂，她们手里提着灯，转眼消失在夜幕中，而身后的两个年轻人却怅然若失，摸着黑，迎着越来越大的山风，行走在归路中。回来后的李商隐思绪万千，随口吟道：

重帏深下莫愁堂，卧后清宵细细长。
神女生涯元是梦，小姑居处本无郎。
风波不信菱枝弱，月露谁教桂叶香。
直道相思了无益，未妨惆怅是清狂。

清夜相思，孤枕难眠，天上岁月本已难度，长夜又显得格外漫长，时间在蚕食内心的无边思念。“神女无梦，小姑无郎”

不正如自己和宋华阳遇合如梦吗？她虽如此纤弱，但当风波迭起时，她也仍能如月宫中的桂子般飘香。

在这段时间内，他们相遇的时间很多，也越来越默契，即使只是一个眼神，彼此也能明白对方的心意。深思熟虑之后，李商隐决定送给她一只手镯，这只手镯是李家的传家宝。慌乱中，他将手镯戴在了她的手上。

看着那玉镯闪烁的翠绿光芒，宋华阳大为感动之余却有些犹豫，如此贵重的镯子，必定是李家留给未来媳妇的，自己只是一个道姑，此生注定与袅袅青灯相伴，与李商隐根本没有未来，也不可能有未来。她试图把镯子拿下来，可是李商隐却不肯，两人陷入僵持中。她欲言又止，最终挣脱了他的双手跑开了。

恋爱的时光，甜蜜而美好，却又格外隐秘。

一日，她满脸愁容，因为公主已经知晓他们的事，如此大逆不道，岂敢延续下去！

山中的夜晚，静谧而美好，树枝间的花蕾散发着幽香，而陷入困境的两个人，却没有了往日热恋时的幸福和甜蜜，残酷的现实横亘在两人面前，转瞬间，咫尺天涯。

离别的时刻终于来到，太阳已经跃出东方的山峦，这样离而又分、分而又离的场景已经不止一次了，李商隐看着她的背影，又忆起了她的泪光，心中痛苦万分。

从美好中回到冰冷的现实，在难以入眠的夜里，他大声地吟道：

相见时难别亦难，东风无力百花残。
春蚕到死丝方尽，蜡炬成灰泪始干。
晓镜但愁云鬓改，夜吟应觉月光寒。
蓬山此去无多路，青鸟殷勤为探看。

——《无题》

“东风无力百花残”，从第二句插进来，貌似突兀，细细品味却如神来之笔，不仅点明了离别的时间是在春之将暮，又为两人的别离设置了黯然销魂的背景——春风绵绵，百花凋谢，这是男女双方发自内心的感叹，也是在预示他们的青春、爱情即将逝去。

南齐王云：“思君如明烛，中宵空自煎。”但是上诗来得更加沉重痛苦，人的本性就是乐生恶死，虽然李商隐自小飘零、饱经忧患，但深知“天下没有不散的筵席”，离别是最深刻的悲哀。

见面的机会如此难得，分离的时候也是难舍难分，时间短暂得好像不曾存在一样，又遇到这东风呼号的季节，百花凋落，让人更加伤感。

春蚕结茧到死时才吐完丝，这样的坚持和永久不是常人能有的；蜡烛要燃完成灰时，像泪一样的蜡油才能滴干，就像此时的他们，为了能够见彼此一面，不惜把泪流干……对方的住处就在不远的蓬莱山，看似很近的地方，却无路可通，可望而不可即，这么近，又那么远。

希望有青鸟一样的使者殷勤地去探看有情人，来往传递消息，这样双方也可减少夜夜的思念之情。

这段缘分从一开始便注定了悲伤的结局，因为公主发现了他们的“私情”后，下令马上回京。

李商隐在诗中五六句完全放开自己，从对方落笔，设想对方早晨照镜，头发都愁白了，长夜吟诗，长夜孤寂，拟想对方对自己的思念之情，又为诗添了一份悲伤之情。

末联写了恋人被禁锢到最遥远的地方，对凡人来说，“蓬山”是永远无法到达的，然而对有情人来说，无论天涯海角，他们的心都是在一起的，所以诗人说“无多路”。虽然诗人极其伤心，但是一直以安慰之词写心中之苦，如此，更加悲痛。

突如其来的变故让李商隐手足无措，却无法改变这必将分离的命运。

最终，宋华阳和公主一起回京，她像露珠一般，曾经闪烁在他的生命里，转瞬间，便消失了声迹。

她来过，又离开，仿佛一切又回到了最初，却永远都回不去了。

她走后的时光，被无限拉长。

宋华阳已经入京一个月，这一走，似乎也把炎热的季节带走了，瑟瑟秋风乘虚而入，玉阳山渐渐露出寒色。自她走之后，身边的景致失去了颜色，也失去了温度。

“春蚕到死丝方尽，蜡炬成灰泪始干”成了一句永远无法兑现的空言，不管这话语是如何地让后世奉为经典，对于李商隐本人来说，却是他此生的遗憾。

相逢只能在梦中，环顾四周，只见月光如霜般映在墙上，床上的被褥满是尘埃，过去的情缘就如黄昏将暗还明时天边残留的霞锦，一起随时光而去。

既然无法释怀，那么只能选择逃离，于是李商隐离开了这个装满回忆的地方。

别时，望着曾经熟悉的一切，他伤心地吟道：“沟水分流西复东，九秋霜月五更风。离鸾别凤今何在，十二玉楼空更空。”

玉阳楼上的欢恋、幽会、对视总在脑海中浮现，或许万般无奈之下，作为一个诗人，也只能寄相思于文字之中，这些诗装满了他的痴情，他所有的离情别绪以及人生中注定要一个人承受的酸甜苦辣。

世界上有一种感情，只能埋在心底；有一种思念，只能寄托在梦里；有一种缘，也许只能等到来世再续。在薄如蝉翼的烟色里，只能任凭这份情感缥缈成清幽的风。

第二节

大时代里的小人物

太和九年（公元 835 年），山雨欲来的大唐王朝发生了重大历史事件“甘露之变”。宰相李训等人在文宗授意下谋诛宦官，使人佯称吾左仗院石榴树夜降甘露，瑞兆升平，请文宗亲自前往观看，并密伏甲兵于院内，想以此引来宦官而杀之。宦官仇士良率领众大小太监先至，看见埋伏于院落的兵士，大告天下兵变，并对外宣称李训等人企图谋反。因此，李训以及知道内情的宰相都被杀戮，且遭灭门之祸，连同被杀害的还有一些无辜的百姓，死难者共千余人。京都一时大乱，朝野惊恐。

此时的诗人正在令狐家，紧张不安，彻夜难眠。

这一时期，朝廷发生了一系列事情，很多人想为此次事件中的一些人伸冤。李商隐听恩师说近来刘从谏三次上书为冤死者伸冤，并且此时的宰相也算是正直之人，内外合力，以辅助天子，李商隐听到这一情况，很是振奋，作《重有感》云：

玉帐牙旗得上游，安危须共主君忧。
窦融表已来关右，陶侃军宜次石头。
岂有蛟龙愁失水，更无鹰隼与高秋。
昼号夜哭兼幽显，早晚星关雪涕收。

诗人看到主将的营帐占领了上游的有利地形，而此时的国家正处于危难关头，每个人都应该与国家共患难，并写出刘从谏"清君侧"的有利条件，以"须"字点明刘有分担君主之忧的责任。"国家兴亡，匹夫有责"，"须"字既点明了刘从谏，也暗自表示了自己愿为君主分忧的心愿。

用"已"赞美刘从谏的上表，用"宜"感叹其应该进军而不进军的行为。

诗人将皇帝受宦官挟持的既成事实用反问的句式说出，感慨刘从谏不过是高秋展翅的鹰隼，其中含有反激刘从谏采取军事行动的意图。针对这一情况，纪昀指出："'岂有'，'更无'，开阖相应。上句言无受制之理，下句解受制之故也。揭出大义，压伏一切，此等处是真力量。"（《四库全书

提要》)

诗人也再次阐述了自己的想法——时时刻刻等着为国效力。

这首诗也是李商隐具有代表性的一首诗，施补华在《岘佣说诗》中说：“义山七律，得于少陵者深。故华丽之中，时带沉郁。如《重有感》《筹笔驿》等篇，气足神完，直登其堂，入其室矣。”

细细品读该诗，可以发现这首诗是以律体议论时事，诗中自有一份沉郁之风，这样的风格与诗人的偶像杜甫有几分相似。

后人历来只会被李商隐的爱情诗或爱情观所折服，但是如今读《重有感》，却更能感觉到诗人的沉郁气质，那是一种从始至终的沉郁。

虽然日薄西山的王朝有着暂时的安全和保证，但是大厦将倾，似乎早已无人能够力挽狂澜。

大唐王朝开始了进一步的衰落，就像无限好的夕阳，虽然此时依旧闪着光芒，却格外昏黄，靠近黑暗。在那次重大的变故中，无数生命被无情荼毒，血染的江山在好似夕阳的大唐王朝中显得那样凄凉，无数仁人志士义愤填膺。

此时的京师，大街小巷中飘满了牡丹花香，但少数人已经嗅到了阴谋的气息。那高高在上的庙堂之中，刀光剑影，硝烟弥漫，在这个王纲败坏、天理沦丧的时代，人们总是用尔虞我诈、阴谋玄机的手段来勾勒扬扬得意者的形象。

当一个国家日渐颓败，所谓的民贵君轻成为空谈，所谓的仁义廉耻成为笑话，所谓光宗耀祖的仕进之途都让人啼笑皆非。越来越多的人在锦衣绣袍的光鲜中毫无悬念地沦为禽兽，仁义道德的旗帜只是他们秉持“丛林法则”的屏障，众暴寡、强凌弱成了时代之风，尔虞我诈、机关算尽成了胜利者的号角。

朝廷之中，变化不断，中唐以后最为英明的宰相李德裕，在这如狼似虎的阴谋中，变得势单力薄，几度被贬。即便是一人之下万人之上的宰相在这样的洪流之中也被迫成为历史中的末路英雄，更何况李商隐这样满腹才华却无豪贵门槛的寻常百姓。这样的时代是英雄末路的时代，注定了李商隐命运的坎坷曲折。

这一年，李德裕，中晚唐历史上最有才干的宰相被诬谋逆，虽然侥幸保住了性命，却被愤怒的唐文宗贬出长安，最后只能任袁州长史。这是一场没有金戈铁马、没有广阔战场的战争，在这场战争中所有人敌对所有人，一切人算计一切人。

当时，郑注与李宗闵有隙，于是郑注借此机会，以杨虞卿之事进言文宗，于是李宗闵被贬为明州刺史，而郑在王守澄陷害宋申锡之后成为朝中最大的宦官，正式得道。而朝廷中，宦官密谋着诛除碍眼的朝臣，文宗皇帝密谋着诛除当权的宦官，朝臣密谋着将政敌排挤出朝廷，朝廷也密谋着瓦解那些拥兵自重的节度使，节度使们则秘密地缔结同盟与朝廷对抗……

这就是黑暗的官场，朝中的官员互相算计、互相勾结，在这一时期，种种事件层出不穷。无论谁在权力的角逐中取得胜利，这残酷的斗争，永远都是百姓的苦难。

见到朝廷沦落到如此地步，李商隐心中充满痛楚，却始终无法停止对这片土地的热爱。

诗人面对没落的王朝，再回想起自己多舛的命运，人生的悲凉好似面前曲江的水，他伫立江岸，沉缓地写下《曲江》：

望断平时翠辇过，空闻子夜鬼悲歌。
金舆不返倾城色，玉殿犹分下苑波。
死忆华亭闻唳鹤，老忧王室泣铜驼。
天荒地变心虽折，若比伤春意未多。

写下这首诗时，李商隐想起了逝世多年的父亲，想起了教他执笔习文、传授经典的堂叔……昔日帝国的气象不再，繁华绝代的曲江边曾经林立的宫殿在烟雾中缥缈，仿佛摇摇欲坠。

如今荒凉孤寂的城池，好似大唐的江山，在夜半时分冤死的鬼魂所唱的悲凉之歌中，惊恐地颤抖。这样的王朝在倾倒，这样的时代让人窒息。

第三节

黄金榜上偶题名

残冬的气息在渐渐消逝，融化的雪水以最为慈祥的姿态抚摸大地，曾经冰冻的一切在默默复苏，此时的京城也在春日里感染了些许朝气。然而这复苏的大地，却在刚见到温暖世界的时候，被蒙上了乌烟瘴气。

被称作人间庙堂的朝廷，依然暗含刀光剑影，在每个寂静的夜晚似乎都可以听剑鸣马啸的寒音和哀戚恐惧的呼喊。这是一个用昏黄色彩勾勒的黯淡时代，无数满怀报国豪情的英雄志士期望在此刻能够再创大唐的辉煌。这些心怀天下的人和李商隐一样期望通过科举考试来挥洒满腔热血，在大唐的土地上建功立业、光宗耀祖、名垂青史！

这一年是唐文宗开成二年（公元 837 年），二月时，多少年好似风吹雨打的赴京科考又开始了。面对每次令人失落的结果，李商隐已经有了疲惫的感觉。虽然此时的他风华正茂，正是奏响青春强音的时刻，他多么希望，在每一个情感碰撞的时刻，在笔尖，用吞云吐月的气势感动历史千百年、倾染天下。

京城的客栈、郊区的寺庙此时喧嚣不止，那书墨篇章、谦谦书生的印象，以最为感叹的气息映照了整个京城，纵使赶考的人才学参差不齐，但是他们的热情一如往常。时代的无奈渲染着阴沉的气氛，他们中间即使有通古今之变的大才，也在混乱的朝堂之上显得渺小、卑微。

李商隐入幕以来已有八个春秋，这其中有恩师令狐楚的精心教导，也有玉阳山修道的经历，以及父亲的熏陶、堂叔的培养，天资聪颖的他，少年时代就已经诗名在外，今天已是满腹经纶、才气纵横。有过多次应考经历的他，却在屡次失败面前显得十分忧虑。自始至终他都很明白，要成功中举，成为进士，不仅要靠自身的才识，更多的是需要背景，大唐王朝在这一刻已经不再清明。

想到这样的情形，对于这次科举，李商隐也没有抱多大的期望，只是尽力来应对这件事。

和往年一样，应考前夕，令狐绹为李商隐设宴。李商隐并非第一次应考，也并非糊涂之辈，对于科场的是非曲直、玄机奥秘，早已明了。多年来应考的经历，以及虽未为官却为幕僚的生活体验，早已让他明白，小小的科场就是大唐朝堂的缩影。

宴罢酒酣之后，满面春风的令狐绹预祝李商隐旗开得胜、一举中第。令狐绹早与这次的知贡举礼部侍郎高锴打过招呼，所以心里默想，李商隐这次希望很大。

诗人回望曾经走过的路，他很多时候都想通过自己的努力和拼搏来改变命运，却在不知不觉间早已被命运所摆布，留下的只是无可奈何的感慨。

科举考试开始，和往年一样，进入贡院的考生在门外排了很长的队，当李商隐看见今年的知贡举是礼部侍郎高锴时，心中的忧虑少了些，他知道平日里高锴和恩师有交情，因此故意刁难之事应该不会再次发生。

考试的题目是“霓裳羽衣曲诗”和“琴瑟合奏赋”，写诗作赋对于李商隐这样深得诗赋精髓的才子来说并非难事。他知道科考的为诗作赋非平常的达小情、寄短意，国家选拔治国之才，自然需胸怀天下，而这些都是李商隐早已具备的。

早在唐文宗太和二年（公元 828 年），十六岁的李商隐就以《才论》、《圣论》两篇文章备受当时士大夫的关注，此时此景，正值国家多事之秋，李商隐所作之文也必然不俗。

在夕阳未沉之时，李商隐便已作答完毕，交卷之后回到了令狐楚家中。接下来是等待放榜的日子，这无疑是一段非常漫长的日子，此时众多学子均期望早一点知道结果，希望自己榜上有名，这正如《神童诗》上所说的人间“四大美事”：“久旱逢甘露，他乡遇故知，洞房花烛夜，金榜题名时。”焦急等待结果的每个应考之人当然希望自己能金榜题名。

京城的街道比往日热闹了许多，络绎不绝的人群中有许多科考完了的学子，这一年的考试已结束，紧张的氛围似乎有些放松。

朝堂之上，百官拜后，文宗沉声询问礼部侍郎高锴关于科举考试的结果，文宗的声音是温和洪亮的，字字却透露出深沉，高锴难以知道文宗心里的想法，于是将手中的试卷交给皇帝，告诉他今年李肱的《霓裳羽衣曲》无人出其右者，词韵极好，书写全面，李肱又为宗族子弟，故列为状元，其后道出后四名。

听见前五名中没有李商隐，令狐绹心中甚为紧张，但想到，李商隐如果能够及第中进士也是可以的。在宣读剩余三十五名及第的进士时，令狐绹听到了李商隐的名字，这才放下心来。

令狐绹第一时间将这一好消息告诉了在院中焦急徘徊的李商隐。终于尘埃落定了，李商隐多年的心愿终于得以实现，在这成功的一刻，他没有那种喜极而泣的激动，而是很坦然地笑了，然后拉着令狐绹喝酒庆祝去了。

没有邀请任何好友，李商隐和令狐绹坐在府中的亭子里，几壶酒，几碟菜，细酌慢品，畅谈人生。清风拂面，长空皓月，京城的夜晚此刻在李商隐的心中似乎寂静极了。

这一次科举的成功，让李商隐突然觉得人生在这一刻变得轻松了，变得自由了，从出生到现在一直被灌入的“学而优则仕”在这一刻有了结果。

对于那时的读书人来说，能够及第中进士是人生最大的梦想，因为进士及第不仅是对一个读书人的肯定，还是他们进入仕途的敲门砖，自此他们便可入朝为官，经世治邦，实现读书人最终也是最伟大的梦想。这是多么光荣的事，一人及第，便可光宗耀祖。

李商隐和令狐绹两人一杯接着一杯，也不知两人到底喝了多少，诉说了多少彼此的心事。

翌日，黑暗渐破，东方欲晓，皇宫中的更漏声停止了，在大街上，已经可以见到一字排开的店铺在陆续地打开门，他们要开始新一天的生意了。秘书省的大门也打开了，东堂上的金榜高高悬起，众多学子从前往后寻找着自己的名字，等待着那最为激动的时刻。

这一天早上李商隐起得很早，随着人流，向秘书省涌去。此时，朝霞漫天，旭日喷薄，黄莺在枝头上鸣唱，春风爱抚着垂柳，虽然早就知道结果，但李商隐依然挤向了人群的前方。他在那张让少数人喜多数人忧的金榜上寻找着自己的名字，心里依然十分地激动。

回到令狐家中后，他向令狐绹辞行，如今他已经进士及第，理应立即回到家中向老母亲报喜，顺便看望一下老母，免得朝廷任命下来，时间紧迫而无暇回家报喜。令狐绹听后给他准备好行囊，第二天一早便送他启程回乡。

又是一年春风过，新了柳枝，绿了芳草，在漫漫的归家路中，李商隐独自驾着马车，他想起了父亲去世时的那个春天，想起了随堂叔去汴州的那个春天，在过往，春日不是希望的开始，而是痛苦的开端。直至今日，命运终于逆转。

同样是在春天，同样是清风习习，然而心情却不一样了，今天回归故乡是带着喜报回去的，幼时父亲的期望、作为读书人的愿望，在这一刻终于换来了人生的喜悦。作为及第的进士，他此刻回乡，便是衣锦还乡，便可光宗耀祖。

路程漫漫，正如人生的旅途，总是在不断地积淀，成功、失败，喜悦、悲伤，杂乱交错。李商隐难得有此时的心境，正是在这种人生宁静之时，内心积蓄的情感如花丛掩映下的泉水般涌出，既有对美好未来的畅想，也有对峥嵘岁月的回想。

灞上春意浓浓，早已惊动了李商隐的心，他作下《及第东归次灞上却寄同年》一诗。内心依然久久不能平静，离故乡越近，这种不平静越是难以平息。

上一次离开家乡、离开母亲是堂叔去世以后，如今数年已过，想必妹妹已经长大，弟弟羲叟也已才华横溢了，母亲的头上不知道添了白发没有，这么多年，自己只身在外，漂泊流浪，世事变迁，让人感慨万千，他不仅想起了多年前写的那首《宿骆氏亭寄怀崔雍崔衮》。

那个时候的诗人，虽经历了人间苦难，心中却饱含对未来的期待。多年来，一直期望能够及第进士，不负父亲期盼，不负叔父教诲，今天，这个梦想终于成为现实。

还记得那深秋季节，阴霾弥漫，骆氏亭里，秋雨乱打枯荷，人生喟叹相寄飞霜之中。如今进士及第，衣锦还乡，清风拂面，春意荡漾，人生的梦想就要实现在饱经磨难的汗水洗涤过后的明天。

第四章

明灯·在摸索中前进

第一节

一眼定下的终身

开成二年（公元 837 年），新年伊始，长安城中的街边檐角尚且积压着莹白的春雪，大街小巷车水马龙、结驷连骑，洋洋洒洒又是一派天下举子云集的场面。

这一年李商隐二十五岁，自丹凤门从容而入的他如今有了不同于旁人的波澜不惊之态。第一次、第二次或许激动不安，第三次、第四次也可能忐忑不定，但是时至今日，李商隐终于懂得了在这日日风起云涌、波涛诡谲的长安城中，要想站得住脚跟，最不能缺的就是光华内敛、静待时机的心胸。

这一年是命运女神对他露出久违微笑的时刻，回想当时的场景，全天下成千上万的学子中，不过遴选出区区四十名新科进士，看着那写在朱红纸上自己的名字，他有一种幸福和痛苦交杂的晕眩感。从十五岁踏上科考之路，到现在已过去了整整十个春秋。十年虽然成就了李商隐的今天，但是诗人也被社会改变了很多。十年间，他被贾餗排斥，被摧残贬抑，被疾病折磨，冰冷的现实给过他无尽的打击，阴郁和冰冷像一丝细线，缠绕在他的心头，嵌入血肉之中。

世人又怎能理解诗人内心的挣扎和解脱，如果说世界上最欠缺雪中送炭，那最不缺的便是锦上添花。李商隐在十年的勤奋苦读后告别了孤灯下一成不变的生活，告别了枯燥晦涩的经史子集，如今他的生活正被各种事物一点一点地填塞着……

诗人越发忙碌，曲江赴宴，雁塔题名，他乘舟踏浪而来。设在曲江江畔的“鹿鸣宴”是唐朝开国以来庆祝科举中第的习俗，当朝新及第的进士们齐聚在此吟诗作对，一抒豪情壮志。

这些正处青春年华、意气风发的年轻人无疑是朝堂之上的新生力量，也理所当然地成为长安城里派系复杂的门第之间争抢的对象，他们意图通过各种手段来招纳贤士，包括把自古以来的“曲江赴宴日”变成“东床选婿日”——联姻向来是统治者们惯用的方式。

龙舟一路乘风破浪而行，李商隐和同年及第的好友韩瞻并肩站在船头，任由迎面而来的春风轻柔地拂过面颊。在匀速的龙舟上，李商隐生平第一次觉得志得意满，幼年丧父的艰难、多次科考落第的沮丧，仿佛都被这微风带到了不知名的远方。

人生四大幸事，诗人已经有了“金榜题名时”，而命运女神似乎为了弥补对他的亏欠，一定要给他“洞房花烛夜”才能抚平他心中的郁闷。

曲江两岸桃红柳绿，放眼望去尽是官宦人家女眷们的脂粉钗环，李商隐一味地沉浸在自己的思绪里，倒是不以为意。身旁并肩而立的韩瞻却突然激动起来，手中的水墨折扇朝着人群中微微一点，折扇所指之处，那一袭红衣的可人儿不正是泾原节度使王茂元的第六女，自己的未婚妻吗?

李商隐循着韩瞻所指的方向望去，哪知目光尚未到那红衣的可人儿跟前，却硬生生地被她身旁那位素衣少女吸引而偏离了方向。那种感觉，就像是被月老的红线牵引了灵魂，无法拒绝，无法抵抗。数年来赶赴科考，几度沧桑，那些红颜绿鬓、花容月貌、窈窕身姿，他不是没有见过，只是自第一次进长安赶考，便再也没有见过那如一泓清泉般的双眸。

那双眼睛里分明藏着一个少女的世界，那里面有五颜六色的鲜花，有娇嫩的小草，有夹杂着桂花甜香的和风……这双眼眸的主人，那位着一身素色衣裙、不施粉黛的少女，正是王茂元捧在手心的幼女王晏媄。此刻，她正挽着姐姐的胳膊，在微凉的春风里盈盈而立。

王家是长安的名门望族，世代簪缨，向来门庭若市，正如有诗云“谈笑有鸿儒，往来无白丁”。然而自小养在深闺的晏媄却不热衷于这些，她仿佛是王维笔下的芙蓉花，这俗世的明争暗斗、风起云涌都与她毫无干系，她只在自己的那方小天地里独自芬芳，花开花落。

在那样一个世界里，李商隐仿佛找到了他所希冀和渴盼的一切。不同于柳枝和宋华阳，她们的眼里总是满蓄着缱绻的深情和倔强的刚烈，这样的女子带给他的是浓墨重彩的震撼。而眼前的这位女子，只远远地凝视着她，便感觉温柔和煦，如若走近她，更要感叹世界怎会有如此纯美的女子，仿佛她的世界里只有春夏，秋之衰落与冬之凋零都不忍打扰她的幸福。

非礼勿视、非礼勿听，李商隐不是不知道，但面对这样一双洒满阳光、没有丝毫阴影的眸子，他不知该怎样才能移开自己的双眼。

月姊曾逢下彩蟾，倾城消息隔重帘。

已闻佩响知腰细，更辨弦声觉指纤。

暮雨自归山峭峭，秋河不动夜厌厌。

王昌且在墙东住，未必金堂得免嫌。

——《水天闲话旧事》

这首诗是李商隐晚年所作，虽然少些狂放恣肆的情感张力，但斟酌诗意，诗中对往昔的缅怀与追寻，恰恰是此时此景的生动写照。

首联道出那一位令他心仪的女子有着倾国倾城的姿容，却含羞般躲在层层帘幕之后，仿佛月宫里的仙子，不食人间烟火。

颔联是甜蜜而苦涩的想象，虽然不能一睹芳容，但听到帘幕之后的环佩低响，便能想象她腰肢款款、莲步轻移的模样，而那忽然传来的悠扬琴声，也不知是出自怎样的纤纤玉指呢？

颈联“山峭峭”一句表现出男女主人公幽会场地之险峻，更突出了女子大胆奔放的天性。在如此美好的夜晚，天上的银河静静地看着这对意中人享受着美好的爱情。

尾联中，诗人借用王昌与莫愁女的典故，自比“王昌”，心想，自己和王昌一样喜欢住在墙东，因为那里有自己最喜欢的美人。自己的情事，不久的将来想必也会被众人知晓，但那又怎样？由此可见诗人的率真与多情。

诗中所言，恰如此时的诗人和晏媄。初春的曲江轻波微漾，别有一番风情，但对爱恋中的人来说却成了可憎的银河，生生在紧密相连的两颗心之间拉出令人痛苦的距离。

诗人对美丽少女的渴慕之情就这样跃然纸上，晏媄的似水双眸早已印在了诗人的心底，却也让诗人越发患得患失。那一种忐忑不安，是“关关雎鸠”里的辗转反侧，是缱绻深情里的欲说还休。他不知道在那样一位美丽高贵的少女眼中，可有自己的影子！

爱情也许就是说不清道不明的灵犀一点，江岸对面的晏媄正好一眼就对上了李商隐的目光。那个峨冠博带的青年人，眼底仿佛有着拒人千里的淡漠，但寒冰之下却分明闪烁着火热的激情。他渴慕阳光的温暖，却不敢迈出前行的步伐；他期盼春雨的滋润，却畏惧外界未知的危险。

隔着波光潋滟的曲江，他们四目相对，有那么一瞬间，他多么希望自己变成一只漂亮的小鸟，飞过碧波。只是在水一方的佳人，想必也要历经千难万险方能溯源而寻，自己贸然而去，定是要唐突了佳人。

这边的李商隐尚在兀自出神，那边的晏媄却蓦然回过神来，小儿女的情态便悄悄爬上了少女的容颜。额前细密的柔发到底遮不住晏媄尽显羞态的眉眼，那低头敛容的一颦一笑间，眼波流转，顾盼生姿，仿佛一块温润的玉石，突然遇上了一缕调皮的阳光，倏忽便绽放出令人夺目的光辉。

时间总爱捉弄彼此倾心的爱侣，在李商隐看来，不过一眨眼的工夫，龙舟就已驶向了远方，那一袭素雅的倩影也在他的视线里一点点变淡。他不停地回头，只盼望能把那秀美的剪影多留住一秒，奈何水急船快，待到他再回头时，早已寻不到佳人的踪迹。

人虽去，那双眸子却仿佛印在了李商隐的心底，让他知道这灰色的世界里尚且有那么一抹斑斓的彩色值得去追寻。他寻了一块心底最纯净的土壤，将这颗种子埋下，日复一日用相思浇灌。不经意间，那份原本朦胧的感情变得清楚明晰，诗人突然觉得，她就是值得自己用一生去陪伴和呵护的人！

得知李商隐高中进士的消息，令狐楚自兴元发来信函，邀请他到兴元幕府来，言辞极为恳切，让他无法推脱。在来到兴元幕府之前，李商隐曾经写过这样一首诗：

十顷平波溢岸清，病来惟梦此中行。

相如未是真消渴，犹放沱江过锦城。

——《病中早访招国李十将军遇携家游曲江》

李商隐在诗中引用了金吾将军李执芳和司马相如两位名人的典故，不难看出，他想要一个终身的伴侣来陪伴自己。他将自己比喻成司马相如，寓意十分明显。同样的心情在另一首诗中也充分流露出来，在《令狐八拾遗绹见招送裴十四归华州》中，他这样写道："嗟余久抱临邛渴，便欲因君问钓矶。"诗中表明，朋友们见他单身，早已多次劝说他早日成婚。

第二节

恩师——雨夜中的灯塔

顺利的人生大致相同，坎坷的人生却光怪陆离、各有不同：有的千回百折，有的上下浮沉，有的沧海巫山，有的野火春风。这样的人生中，如能遇到恩师，便仿佛在海上漂泊之时望见一处灯塔，一言一笑、一次斥责、一个手势，抑或一次惩罚，都能带来无比的温暖。

京城的风似乎从凛冽变成了温和，进士及第那日的欢腾已经远去，曲江赴宴、雁塔题名那样多年未有过的清雅生活渐渐停歇，李商隐归乡的心情更加急切，也更加激动，这就是即将衣锦还乡的滋味吧，诗人内心思忖着。

故乡荥阳的风虽然没有京城那样大，但比起京城来却更显得清爽。多年没有返回故乡的李商隐在看见母亲的一刹那，突然感觉再次回到了儿时，他依然记得母亲春波一样温暖的笑颜，依然记得母亲喊他吃饭时温和的声音。

眼前的场景，让他仿佛回到了少年时代，多年来流浪的生活、漂泊的心灵早已让他疲惫不堪，只是内心的追求、父亲的期盼、堂叔和恩师的教诲让他一直坚持着，他曾经多少次怀念母亲的怀抱，曾经多少次思念母亲做的饭菜，而今终于带着喜报回到家乡。瞬间，久久不能释放的疲倦化为青烟随风而散。

弟弟李羲叟早已长大成人，小妹也变得娉婷水灵，家族人得知李商隐中进士后甚是欢喜，大摆酒席庆祝，庆祝李氏家族又有人入朝为官，又可以重振家风。地窖里自酿的白酒被搬了出来，母亲忙着为大家准备饭菜，李商隐看见了家人脸上的笑容，也看见了母亲眼中悄然落下的泪水，他知道那是欣喜之泪，多少年了，母亲定是日日牵挂着，如今一切都得到了报偿。

家是温暖的怀抱，是温暖的港湾，他常常和母亲、妹妹一起聊天，还常常和弟弟羲叟、堂弟宣岳一起论诗游玩。

那天，羲叟和宣岳论及今年科考的“霓裳羽衣曲诗”，因为文宗把科考进士的文章让人誊抄后张贴全国各处，让学子们参考学习。羲叟和宣岳看了之后，一致认为李肱的《霓裳羽衣曲》诗文笔虽好，却不知变通，中规中矩，生而硬，缺乏活力，反倒是李商隐的诗文淋漓酣畅，读起来有更豁达的感觉。

听罢这一番言论，李商隐让他们不可乱讲，其实他自己又何尝不知呢？仔细想来，这其中的原委谁人不知。李肱的诗文柔和优美，赞颂先皇，褒扬朝廷；但反观自己，文章虽好，言辞却一贯地刁钻犀利。想到这里，李商隐心里不知是什么滋味，是后悔，是抱怨，是沉默，还是释然。

自古以来，古月能够当今照，伯乐、际遇却无法世世传。

闲居家中的李商隐，虽然可以每天陪伴母亲，还能够和弟弟们访僧问道，纵然这样的欢乐他向往很久，但是久久不见朝廷的任命，他心里也颇为着急。

李商隐在焦急的等待中，等来的不是能够让自己心血澎湃的朝廷任命，而是恩师家的老管家湘叔。湘叔的到来让李商隐有种不好的预感，他风尘仆仆的脸上流露出的不仅仅是疲惫，还有焦急慌张。面色苍白的湘叔拉着李商隐的手，声泪俱下地告诉他，令狐楚重病，生命垂危，急着要见他。

如此晴天霹雳，让李商隐措手不及。恩师待他若子，对他的期望甚至超过自己的亲生儿子，如今恩师病重，他万万不能拖延。急匆匆地拜别母亲后，李商隐和湘叔商议，决定快马同行，日夜兼程，但是自己年轻健壮，当然可以快马，湘叔一路劳累，年纪已大，身体恐怕不能承受再一次的长途跋涉与颠簸，所以李商隐让湘叔随后赶来。但湘叔执意与李商隐同行，他说自己跟了令狐楚一辈子，若此时不能在身边，那将会终身悔恨。

知道情况紧急，李商隐不敢耽搁，马上启程。在家闲居八九个月，而今已是十一月，天气寒冷，走到山西时，天上大雪纷飞。李商隐快速地驾驶着马车，他已经感觉不到疲惫，看着眼前的万里长空，还有迎面而来的凛冽北风，再想起恩师的病情，他心中更加难受。

公元 837 年，唐文宗开成二年的十一月，一个阴云密布的日子里，李商隐启程前往兴元幕府。在一首赠别诗《西南行却寄相送者》里，他写道："百里阴云复雪泥，行人只在雪云西。明朝惊破还乡梦，定是陈仓碧野鸡。"恶劣的天气并未影响李商隐"春风得意马蹄疾"的急迫心情，在他心中，就连大雪都仿佛是在为他壮行。

自十六岁那年堂叔去世，李商隐就跟随着令狐楚，如今已近十年，在这些年里他从一个无知青涩的少年，到如今进士及第。还记得刚到恩师家里的时候，恩师亲自教习骈体文的情景，一点一滴都留在诗人心里成为永恒，诗人是那样重情重义的人，定然一生都难以忘怀，那种场景不是语言能够道清楚的。

在这个世界上，让人们刻骨铭心的，不是夜夜狂欢、宵宵笙歌的日子，而是那些流过汗水，用生命来谱写的岁月。这样的场景不禁让人忆起近代词学大师龙榆生先生写给学生的一首《浣溪沙》：“半载相依思转深，拟凭朝气起沉阴，生憎节物去骎骎！文字因缘逾骨肉，匡扶志业托讴吟，只应不负岁寒心！”那种师生的恩情，是在共同奋斗的岁月、在峥嵘的岁月中熔铸而成的。

到兴元的路崎岖坎坷，一路颠簸，李商隐始终没有停歇，几天后终于赶到兴元。到达令狐府的时候，还没等马车停稳，李商隐就直接跳下马车，径直往恩师的房间跑去。

此时的令狐楚刚刚睡下，李商隐放慢了脚步，和湘叔轻轻地走进了他的房间。躺在床上的恩师面容消瘦，脸色苍白，这个曾经令多少敌人闻风丧胆的英雄，在面对病魔的时候，却沉默了。

此时的李商隐已经双泪垂面，他轻轻地跪在了恩师的床前，凝视着恩师显得疲倦的面容，心中有说不尽的痛苦。给恩师磕了头后，李商隐良久没有起身，湘叔示意他先出去，他才缓缓地起来，轻轻地走了出去，等待恩师醒来。

许久，令狐楚醒了，听闻李商隐赶来，便唤他进去。令狐楚挣扎着起身，在看见李商隐的一刹那，他眼神中有了喜悦。

在令狐楚的要求下，其他人都退出了房间。众人离开后，李商隐跪行到恩师的床边，看着他就如风中残烛般憔悴，心中悲痛不已，泪水潸然而下。

令狐楚让李商隐代笔给皇帝上表，让皇帝为“甘露之变”中冤死的大臣昭雪。令狐楚断断续续地说着，在病危之际，临终之际，还表达着对宦官们倒行逆施、滥杀朝臣的不满，李商隐埋头认真地记着恩师的话：

“臣永惟际会，受国深恩。以祖以父，皆蒙褒赠。有第有子，并列班行。全腰领以从先人，委体魄而事先帝，此不自达，诚为甚愚。但以永去泉口，长辞云陛，更陈尸谏，犹进瞽言。虽号叫而不能，岂诚明之敢忘？今陛下春秋鼎盛，寰海镜清，是修教化之初，当复理平之始。

然自前年夏秋以来，贬谴者甚多，诛戮者不少。望普加鸿造，稍霁皇威。殁者昭洗以雪雷，存者沾濡而雨露。使五谷嘉熟，兆人安康。纳臣将尽之苦言，慰臣永蛰之幽魄。”

李商隐最初还能平静，可记完整张遗表，便再也抑制不住情感，泪如泉涌，滴滴落在了未干的墨迹之上，化为青烟随风而散，而那墨迹，却成为永远无法抹去的痕迹。

李商隐记完后，放下手中的毛笔，在这一刻，整个天地间都归于静默，他仿佛能够听见自己心跳的声音，看着永远沉睡的恩师，他号啕大哭，门外的令狐绹听见声音冲了进来，他知道父亲已经逝世了。

令狐楚去世的消息很快传了出去，前来祭奠的门生、官僚一个接着一个，李商隐在灵柩前面跪迎每一位前来祭奠的亲友，几天几夜一直如此，直到将令狐楚的灵柩葬在了之前选好的墓地。

在侍奉令狐楚灵车回京师的途中，李商隐创作了许多现实主义的诗作，在《行次西郊作一百韵》中，他写道：“南下大散岭，北济渭之滨。”他在用现实手法揭露晚唐时期的诸多弊病，这时的他参与改革社会的愿望比任何时候都更为强烈。

当令狐楚的棺木放置在墓穴中的那一刻，亲友的哭声在李商隐耳边回响，每当令狐楚生前的将士向墓穴中撒下一把土，他便跪在墓地旁磕下一个头。他的眼中没有眼泪，心中的悲伤早已取代了眼泪的位置。他的双目凝望墓地，只是一遍又一遍地重复磕头的动作。就连令狐楚的儿子令狐绹都心疼地想要扶他起身，却被他一把推开。只有这样，他才能发泄心中的悲伤情绪，也只有这样，才能报答恩师多年来对他的知遇之恩。

令狐楚的逝世对李商隐来说犹如失去父亲一般痛苦，十岁丧父，还是孩童的他，面对的是来自各方面的压力，而令狐楚弥补了他缺失的父爱。在李商隐心中，令狐楚就像一座山，是他永远的依靠，在往昔的一寸寸光阴里，给他温暖的呵护和悉心的教导。

安葬了令狐楚，劳累过度的李商隐终于倒下，疲乏的身体加上抑郁的心情，让他病倒在回府的路上。

回想曾经的点点滴滴，诗人满怀伤感。那天，李商隐以泪和墨，写下了《奠相国令狐公文》：

戊午岁丁未朔乙亥晦，弟子玉谿李商隐，叩头哭奠故相国赠司空彭阳公。呜呼！昔梦飞尘，从公车轮；今梦山阿，送以哀歌。古有从死，今无奈何！天平之年，大刀长戟。将军樽旁，一人衣白。十年忽然，蜩宣甲化。人誉公怜，人谮公骂。公高如天，愚卑如地。脱蟺如蛇，如气之易。愚调京下，公病梁山。绝崖飞梁，山行一千。草奏天子，镌辞墓门。临绝丁宁，托尔而存。公此去耶，禁不时归。凤栖原上，新旧衮衣（公先人亦赠司空）。有泉者路，有夜者台。昔之去者，宜其在哉！圣有夫子，廉有伯夷。浮魂沈魄，公其与之。故山巍巍，玉谿在中。送公而归，一世蒿蓬。呜呼哀哉！

在这篇祭文中，李商隐写下了十年的感动，写下了一生的悲痛。在他心中，恩师令狐楚心怀天下，一生为国操劳，不辞辛劳。“将军樽前，一人衣白”，说的是当年的自己，凭借白衣未仕之身，承蒙恩师抬爱，以师之命，以父之爱，亲传骈文，照顾有加，这种知遇之恩还未曾回报，恩师便已逝去，这是李商隐一生的遗憾。

当他的人生再次被痛苦侵袭时，再也不会有如山的依靠，偌大的府第也随之变得冷冷清清，到处都透着凄凉，走在院落中的每一个地方，他都能回想起恩师的教导。如今，物是人非，感伤包裹着空气中的每一粒尘埃，一世蒿蓬，在这一刻都化作历史的青烟。

第三节

漂泊岁月里的甜与忧

在人生的征程当中，李商隐就如同历经风霜的秋叶，在萧瑟的世界展现生命中最为美好的时刻，或许有太多凄凉、太多诉说不尽的心酸，但是飘落的瞬间却足以令世人惊叹。

有时候生命就像一支蜡烛，只有在风中坚强地燃烧，等风去之后，火焰才会更旺。历经十数年的风霜，李商隐早已不是那个经不起痛楚的少年了，现在的他是屹立在风雨中的松柏，风雨之后，他最先感受到的是人间美妙的清凉。

料理完恩师的丧事后，李商隐随令狐绹去了京城。从上次来京参加科考算起，虽只有一年，却已物是人非，在沉浸于恩师去世的悲痛之中的李商隐眼里，京城的繁华处处流露着伤感。

开成三年（公元 838 年），在令狐绹的帮助下，李商隐做了户部书令史，就此踏上了仕途。然而，“牛李党争”还在激烈地上演。户部掌管户口、土地、赋役、进贡等事，前来办事的人非常多，一次偶然的机会，李商隐替一位老者办理了难民建房置地的事宜，而这位老者不是别人，正是“李党”中人——泾原节度使王茂元。

一次偶然的相遇，却在李商隐的人生中写下了曲折的一笔。此时的李商隐尚且不知，他已在不知不觉中陷入“牛李党争”这个巨大的旋涡。

李商隐并不知这位老者的身份，不过依照他的处事风格，即使知道前来办事的人是“李党”中人，只要这事情有利于黎民百姓，有利于大唐天下，他也会毫不犹豫地帮他办理。

不过李商隐却因此得罪了“牛党”中人，也因此得罪了多年的挚友令狐绹，户部中人大多都是“牛党”，此事之后，李商隐便接二连三地受到排挤。

那日，王茂元应约去户部找李商隐取回审批的公文，眼前这位不畏权势的年轻人让他十分欣赏。他对李商隐的背景做过一些了解，得知他是科举进士，曾是令狐楚的得意门生，同样爱才的他便相邀畅饮。

李商隐从王茂元的言谈举止中看出，此人并非凡夫俗子，是位心系百姓的好官，于是便同往客栈。进入客栈之时，李商隐见韩瞻已经在饭桌之前等候，非常意外，后来才得知，原来现在的韩瞻已经是王茂元的女婿了。

李商隐与韩瞻互为年兄，同年及第，虽交情不深，却惺惺相惜，这一次在宴席上畅谈，谈理想，谈朝政，谈诗赋，可谓如遇知己，宴罢酒欢。

王茂元见李商隐实乃天下稀少之材，于是有意将女儿许给他，韩瞻更是当即道贺。而且，王茂元得知李商隐现在在户部处境尴尬后，便邀请他去泾原供职。但李商隐念及令狐绹的兄弟之情，故而推辞了，说日后再做打算。

日子一天天过去，“牛党”、“李党”争斗得你死我活，那些满口仁义道德的谦谦君子，在利益面前义无反顾地返回狼的模样，煎熬的百姓成为他们的筹码，金殿上的天子成为他们的观众。

在这样的旋涡之中，李商隐早已厌倦，自从上次他帮助王茂元办事之后，户部的官员都在刻意地疏远他，冷嘲热讽更是常事。李商隐不愿意再在此处供职，眼下正当“博学鸿词”科试，他下定决心去试一试，也期望能够在“博学鸿词”科试中一展才能。

“博学鸿词”科试是在科举制之外选拔人才的，共分为四层。

首先是“身”，指体形外貌，要求体貌丰伟；其次是“言”，指言辞能力，要求能言善辩；再次是“书”，此处指书法，看字如看人，一个人的书法有时可以反映这个人的性格，要求书法“楷法遒美”；最后是“判”，这是看应试者腹中有多少才华，要求文理优长。

对于这样的选拔考试李商隐自然是十分有信心的，这次的主考官是大学士李回和周墀，两位大学士十分欣赏李商隐的文章，所以他毫无悬念地被录取了。

然而，命运在此时又上演了曲折的情节，当入选的名单被吏部送到中书省时，李商隐的试卷却被退了回来，试卷上批有“此人不堪”四个字。复审被除名这是李商隐万万没有想到的。一般说来，吏部通过，中书省一般不会再干预，可是此次试卷却以这样的方式被退了回来，李商隐不知，此次被除名正是因为之前他帮助王茂元而得罪了“牛党”。

这件事让李商隐很受打击，他本以为进士及第之后的仕途会稍稍平坦，但如今，入仕如此艰难且处处受到阻挠，这个腐朽的大唐王朝让他格外寒心，多少年的煎熬与坚持似乎都在此时付诸东流了。如今朝政混乱，党派纷争不断，那些官员似乎永远不知疲惫，总是“孜孜不倦”地算计着自己的对手。

李商隐不能再回户部去，唯一的希望就是这次考试，但这次考试又以令人悲愤的结果呈现在他面前。万千愁绪无处诉说，李商隐只有借酒浇愁。

自从李商隐和王茂元有所牵连后，令狐绹对他便不闻不问。以前有恩师在，他还可以向恩师诉说内心的苦楚，而今令狐绹也不再是少年时代志趣相合的兄弟，朝政之事也不再向他提及，即使他相问，令狐绹也是避而不答。

就这样，三个月过去了，令狐绹对李商隐仕途上的事只字不语，这让经历坎坷又颇有傲气的李商隐有些心灰意冷。人生的孤寂让李商隐无比痛苦，他不禁想起了泾原节度使王茂元的聘请。

思来想去，不得已，李商隐决定前往泾原，去泾州（今甘肃泾川县北部）做王茂元的幕僚。这对李商隐来说无疑是一个艰难的决定，这意味着他将再次进入幕府，又要回到十年前。

时间快速地流淌着，没有留恋，没有停歇，山的颜色在改变，水的深浅在改变，而李商隐就在这世事的变迁中，演绎着曲折的人生。

李商隐来到泾原，成为王茂元的幕僚。李商隐的到来令王茂元十分高兴，韩瞻看见久别的兄弟，更是高兴，三人再次同桌酣饮、畅谈，仿佛时光倒回到数月前的那天。

座中论及此次科试，李商隐才得知，此次失败一是因为自己与王茂元有牵连，二是因为自己曾经写过那首《行次西郊作一百韵》而得罪了官员们。

那首诗写到李林甫乱政，安禄山目无朝廷，藩镇势力尾大不掉，以致后来“安史之乱”终于爆发，百姓流离失所，皇帝仓皇而逃，各地守军溃不成军，叛军长驱直入，自此长达七年零两个月的战乱让唐王朝由盛转衰。再看今天的朝廷，依旧在重复上演着祸国殃民的悲剧，当朝者所念及的只有自身的利益，哪里知道天下的百姓共同捧起了他们。

他们总是以为自己高人一等，却在满口仁义道德里上演着一出又一出男盗女娼的肮脏戏码。他们做下的事连自己都觉得龌龊不堪，却在别人敢于呐喊的时刻，想着用各种手段来欲盖弥彰，却不知道那是在使自己遗臭万年。

在泾原节度使府里，虽有王茂元和韩瞻无微不至的照顾，但是在其他幕僚眼里，李商隐弃令狐绹而投奔王茂元，令人鄙夷，因而大家都故意疏远他。所以，李商隐形单影只，颇为苦闷。

自从十岁那年父亲去世，时至今日诗人依然四处漂泊，即便是那随风飘扬的落叶，也终有停下的时候，而诗人却是漂泊再漂泊。站在高高的安定楼上，诗人思绪万千，写下了《安定城楼》一诗：

迢递高城百尺楼，绿杨枝外尽汀洲。

贾生年少虚垂涕，王粲春来更远游。

永忆江湖归白发，欲回天地入扁舟。

不知腐鼠成滋味，猜忌鸳雏竟未休。

万物新生，处处生机盎然，水绿山青勾勒的是独立的精神和自由的意志，也许，生死轮回间，生命留下的只是消逝时的眼泪。然而，无论悲凉还是欢愉，人生终究如旅店，每一次停留，都是在为前往下一个旅店养精蓄锐，回首往昔留宿的旅店，那里有人生中的每一次感动，或许下一刻，就有生命的奇迹。

生活是孤苦了些，然而王茂元却厚待于他，因爱其才气，还将幼女王晏媄嫁给了他。

李商隐在《重祭外舅司徒公文》中云："往在泾川，始受殊遇。绸缪之迹，岂无他人？樽空花朝，灯尽夜室。忘名器于贵贱，去形迹于尊卑。语皇王致理之文，考圣哲行藏之旨，每有论次，必蒙褒称。"

《祭外舅赠司徒公文》又云："京西昔日，中堂评赋，后榭言诗。"

由此看来，在李商隐与王茂元谈诗的过程中，王茂元发现了他的才华，因而“爱其才，以子妻之”（《旧唐书·本传》）。实际上，李商隐早就注意到王茂元的小女儿了，有诗《韩同年新居饯韩西迎家室戏赠》云：

籍籍征西万户侯，新缘贵婿起朱楼。
一名我漫居先甲，千骑君翻在上头。
云路招邀回彩凤，天河迢递笑牵牛。
南朝禁脔无人近，瘦尽琼枝咏四愁。

尤其是从尾联可以看出诗人在此事上表现出的一些端倪，在这里，诗人自我调侃，说自己尚无人选择为贵婿，所以有时也会因相思之苦而瘦损身躯。

不过，李商隐与王氏结婚的具体时间现在已经无法考证。

或许是命运的安排，或许是前世的注定，这一桩婚事让李商隐从此深陷党派之争，并且永远无法摆脱。虽然被卷入党争，但他丝毫没有后悔与王晏媄成亲，两人婚后的生活十分幸福，他们的感情很好，王氏的秀丽温和、贤淑良德更是让他感动。

在李商隐的一首《无题》诗里，他这样写道：

照梁初有情，出水旧知名。

裙衩芙蓉小，钗茸翡翠轻。

锦长书郑重，眉细恨分明。

莫近弹棋局，中心最不平。

新婚燕尔的甜蜜，如玉的娇妻，让李商隐感到无限的温暖。他爱自己的妻子，在他眼中，妻子那艳丽悦目的裙衩，轻盈摇坠的钗饰，都是“女为悦己者容”，为了爱自己的人而打扮的。更何况，这位新婚妻子是位知书达理的女子，眉目传情之间，她如果还觉得有无法明确表达的爱意，便会通过纸笔，用文字更加酣畅淋漓地表达出对丈夫的相思相爱之情。

新婚的甜蜜，让李商隐完全沉醉其中，可是欢娱背后却隐含着一片忧愁，政治上的忧愁无法被新婚的喜悦冲淡，先喜后悲，更加让人觉得悲凉。

王茂元与李德裕为政治兄弟，王茂元在“牛党”眼里自然为“李党”，李商隐如今是王茂元的女婿，自然被归为“李党”，而李商隐刚刚逝世的恩师令狐楚及其子却属于“牛党”。

阴差阳错之间，李商隐尴尬极了，他无法选择，亦无力挣脱。在很多人眼里，他成了忘恩负义之人。

背负忘恩负义之名的李商隐在后来的仕途中屡受阻扰，甚至有人背地里中伤，说王茂元其实是在施展“美人计”，用自己的亲生女儿将李商隐拉拢到自己身旁。面对这样的诋毁，李商隐嗤之以鼻。

因公事在身，新婚不久，李商隐便要和妻子分离，《东南》便是诗人在外思念妻子的一首诗：

东南一望日中乌，欲逐羲和去得无。

且向秦楼棠树下，每朝先觅照罗敷。

在外的诗人看到东方初出的朝阳，就有了“逐羲”和照见“罗敷”的设想，此处的罗敷就是指诗人的妻子王氏，这样的写法既新奇又意境优美。

开成四年（公元839年），虽然身处泾原，李商隐依然希望能够再次参加授官考试，可喜的是他这次顺利通过，并被授予秘书省校书郎的职位。这是一个低级的官职，但李商隐知道，身处京城，发达的机会颇多，所以他心中仍埋藏着一份希望。然而世事变幻莫测，不久他被调任弘农（今河南灵宝）县尉。弘农是一个远离政治中心的地方，虽然县尉与校书郎的品级相当，但得到重用的希望却十分邈远，加之李商隐在弘农任职期间，仁爱施政，处处遭到阻挠，甚至在一次替受冤死囚减刑时，受到上司陕虢观察使孙简的惩罚，这一切让他身心俱疲。

孙简对李商隐辱骂殴打，让他备感屈辱，难以忍受，他最终辞职（《任弘农尉献州刺史乞假归京》）离去。而县令对李商隐再三挽留，弘农的万千百姓也苦苦规劝，正好此时孙简又被调走，接任的是姚合，而姚合也极力劝留李商隐。在众人极力挽留下，李商隐最终答应留下来。

然而，此时的李商隐已心有余悸，大多时候没有心情好好工作。再者，李商隐素有大志，在这偏远的地界做个县尉，终究不是他的理想，于是开成五年（公元840年）他再次辞职并得到获准。

第五章

曲折·波涛宦海里的沉浮

第一节

读万卷书，行万里路

当月亮当空而照时，黑夜里的每一个角落似乎都被洒上银光片片，大地上每一颗寂寞的心，都以最为深情的姿态呈现给心中最黑暗的地方，这里需要一点一滴的真诚问候。月是古时月，心肠却再也不若古道相遇时那样。

在物是人非的变幻里，生命所流露的是风吹而散的脆弱，曾经的款款深情，曾经的恩深似海，只能在历史的长河中滚滚逝去。人生的孤苦，不论以何种方式诉说，总是以不确定的形式存在着，触摸着过去、现在和未来。

李商隐在《与陶进士书》这封信札中说："寻复启与曹主求尉于虢，实以太夫人年高，乐近地有山水者；而又其家穷，弟妹细累，喜得贱薪菜处相养活耳。”这表明了他一心想要到地方做官的原因：既要侍奉年迈的老母，又要供养年幼的弟妹，承担起家庭的重担。如人饮水，冷暖自知，这一切的理由不过是托词，最重要的原因依然是朋党交恶在作祟。离开，只因无奈：

中路因循我所长，古来才命两相妨。
劝君莫强安蛇足，一盏芳醪不得尝。

——《有感》

也许只有李商隐这样不肯与世俗同流合污的人，才会遇到“才命两妨”这样的矛盾。虽然他在诗中将这次请求外调的行为比喻成“蛇足”，但也不过是自我解嘲的说法罢了。人们大多会觉得李商隐的词句用得极妙，可又有谁能体会到他创作这些诗句时的苦闷心情呢？

自从父亲过世，李商隐便开始品尝这世间的颠沛流离之苦。人们都说蹉跎光阴，可哪里知道蹉跎的不是光阴，而是人生；蹉跎的不仅是人生，还有那可以感受天地灵感的心。人生旅途中，不尽的坎坷崎岖，总是毫不吝啬地摆在李商隐的面前。

自信的李商隐期望凭借自己绝世的才华治国安邦，但他不是命运的宠儿，更不是这个时代的骄子。他总是受到生活的折磨，想到那刚刚辞去的官职——弘农县尉，虽仅仅为九品官，虽自己有绝世的才华，却还是会受到打击排挤。

命运在这一刻似乎没有平等的观念，曾经的友人，都在同样的世界里如鱼得水般扶摇而上，而他却被卷进无法摆脱的激流之中，沉沉浮浮，成为无处可逃的螃蟹。

在《行次西郊作一百韵》中，李商隐写道："盗贼亭午起，问谁多穷民。"他认为老百姓过于贫穷，才会导致有如此多的盗贼。而"节使杀亭吏，捕之恐无因"一句，是在指责节度使不应因捕盗不力而处死下级的亭吏，因为老百姓穷困，而盗贼也太多了，捕不胜捕啊！李商隐渐渐对自己的职务表现出一种深恶痛绝的态度，从他的诗中就可见一斑：

黄昏封印点刑徒，愧负荆山入座隅。

却羡卞和双刖足，一生无复没阶趋。

——《任弘农尉献州刺史乞假归京》

身为一名县尉，却要每天傍晚亲自检点狱中关押的刑徒犯人，还要封印上门，除了外缉盗贼、内护衙门外，似乎并没有其他事情要做。他恨不得自己就像卞和一样被刖去双足，这样就不必天天低眉折腰，去拜见比他官阶更高的人了。

开成五年（公元840年）正月，文宗病危，掌握神策军的两位宦官仇士良和鱼弘志干预朝政，发动宫廷政变，废除皇储李成美，拥立颍王李炎为武宗皇帝。在仇士良和鱼弘志的威逼下，武宗皇帝下诏赐死穆宗八子安王李溶，又赐死文宗所立皇储李成美。

“甘露之变”之后，仇士良等宦官早已不可一世，在弘农时，李商隐便听过朝廷中事。文宗皇帝驾崩，李商隐心里十分悲伤，文宗皇帝在位时，虽宦官乱政、藩镇割据，但这都是几朝延续下来的问题，要想重振朝纲，繁荣大唐，除去奸宦，消除割据，平息党争，并非一朝一夕之事。

文宗皇帝孤身无援，要想中兴大唐，必须经过多年的励精图治，但纵使文宗皇帝勤于政事、生活简朴、励精图治，无奈家奴跋扈，藩镇目无朝廷，文宗在位时间短，终未能力挽狂澜。得知文宗皇帝驾崩，李商隐痛苦地道出一首《咏史》：

历览前贤国与家，成由勤俭败由奢。

何须琥珀方为枕，岂得真珠始是车。

远去不逢青海马，力穷难拔蜀山蛇。

几人曾预南薰曲，终古苍梧哭翠华。

在这多事之秋，文宗驾崩，让人悲伤，而新皇继位又少不了一番动乱，李商隐虽已辞去弘农县尉，但他多年来寒窗苦读，曾经为执着的梦想而只身漂泊流浪，不正是为了有朝一日能够尽忠报国吗？进士及第后，诗人虽然没有在仕途中平步青云，但一直默默地为心中的梦想而努力着。

诗中先以古鉴今，即若皇帝勤俭，百官勤俭，百姓勤俭，则国家昌盛繁荣，而豪奢腐败则祸国殃民。第二句给予典故感召的力量。“琥珀枕”，说的是南朝一个皇帝四处征战，偶然获得一个非常名贵的琥珀枕，而他却将琥珀枕捣碎了给战士敷伤，自此战士感恩戴德，英勇奋战。

“岂得真珠始是车”，是讲齐桓公和另一个君主相遇，那个君主拥有很多车，每一辆都镶有一颗非常大的珍珠，并视为奇宝而异常自豪，而齐桓公笑而语之，认为唯有拥有良才，才能拥有不尽的财富。

此诗颈联亦以典故托义。“青海马”是指军国之大才，“蜀山蛇”指祸国殃民之祸胎（当年蜀国因五壮士拔蛇而蜀路开致蜀国亡）。

李商隐的内心明晓“历览前贤国与家，成由勤俭败由奢”。文宗很有雄心壮志，也励精图治，怎奈家奴骄狂，终致抑郁而亡。再看看眼前的朝廷，李商隐似乎有种国家兴亡冥冥中自有天定的感受。

尾联的“南薰曲”是指当年舜所唱的《南风歌》，当时一唱而天下太平，而今又有几人知晓《南薰曲》所寄深意？《南风歌》不再，天下将大乱。“苍梧”乃舜之墓地，“翠华”是皇帝仪仗之华盖，诗句说明了国家如此衰败，尧舜之风不复。

整首诗所呈现的是李商隐心系天下、关心家国的赤子情怀，因此此前的科举之路虽然艰辛，但是他终没有放弃。

武宗即位，便有凌云之志，欲重振朝纲，重诏淮南节度使李德裕为吏部尚书同中书门下平章事，自此“牛党”形势开始下滑，朝中动荡亦大，王茂元应诏入朝，任御史中丞，全家跟随迁入京城，李商隐亦偕妻子来到京城。

这时已经是九月，是收获、喜悦的季节。多年来奔波流浪的疲惫，让李商隐想放下一切暂时歇息，因而他并没有随岳父王茂元住进长安城内，而是选择了长安南郊的樊川安家。樊川是历史名地，李商隐在外奔波多年，处处透露出的是老练稳重，是沧桑，是疲惫，因此樊川的选择流露出诗人和古代贤德之人一样，有着隐居的情怀。

李商隐是多情的才子，举止之间透露出的是文人情怀，是博爱天下的胸襟，是仁爱至亲的温情。在樊川，李商隐可以放下烦恼过着文人的隐居生活。

又名樊乡的樊川，是曾跟随汉高祖刘邦参加过鸿门宴的汉初名将樊哙的封邑，这里曾经还是佛教中心，似乎是冥冥中自有天意，佛法成为李商隐晚年孤苦无奈时生命的寄托。

樊川乃京都万年县管辖，还是杜牧故居所在地，也是诗人韦应物居住过的地方，位于潏河流域长安万年南三十五里处，有杜曲和韦曲相围绕，在青天白云的映照下，好似人间天堂。那十余公里的河谷盆地有着平川的广阔和气势。那里土地丰腴肥沃，临河而居，清风拂面；那里菜圃平坦，稻畦宽阔，罫纷绮错；还有屋舍错落有致，炊烟袅袅，鸡鸣犬吠，好一幅隐士高居图，恍如江南秀丽水乡。

李商隐喜爱那里的美丽风景，四处游历的他早已听过樊川的美名。

这里绮丽的山水风光令人陶醉，这里的静谧安宁可以抹去尘世的烦恼，多年四处奔波的生活让已感疲惫的李商隐开始向往躬耕田园的平静，世俗的牵绊让他二十多岁的心显得沧桑，李商隐曾在《子初郊墅》一诗中道出了心中的期盼：

看山对酒君思我，听鼓离城我访君。

腊雪已添墙下水，斋钟不散槛前云。

阴移竹柏浓还淡，歌杂渔樵断更闻。

亦拟村南买烟舍，子孙相约事耕耘。

那时的他住在偏远的樊川，远离了长安的繁华，没有了城市的喧嚣，这一段成为他生命中最为轻松的时光。

唐武宗会昌元年（公元 841 年）夏季，王茂元调任忠武军节度使兼陈许观察使，让李商隐前去入幕，这次他只身相随来到陈州，于是宦海奔波又开始了。

第二节

故地重游秘书省

樊川的美好生活已经成为难忘的记忆，曾经在樊川的清晨悠闲地听鸟儿歌唱，在傍晚看炊烟袅袅，妻子的饭菜永远是最为甘美的，但李商隐在樊川平静地生活了几个月后，又开始在宦海里辗转。

人生本来就是在不停地行走，年轻的他不应该也不会在二十七岁时就终止曾经日日夜夜执着追求的梦想。可岁月带给他的不仅是尝不尽的磨难、道不尽的艰辛，还有那写不完的愤慨、道不完的惆怅、抒不完的梦想。在今人看来，虽然李商隐的人生是悲情的，然而他奋斗的精神、不屈不挠的精神却是很多人无法拥有的。从李商隐身上可以看到，人生的快乐和浪漫，不仅仅是在霓虹倾泻、烛影摇红的舞场展现青春的活力；不仅仅是在青春的征程上长驱直入，平步青云；还在于用汗水、心血去描绘美丽的人生，以及执着地追逐心中的梦想。

这次是李商隐第三次进入幕府，虽然在陈州有岳父王茂元照应，但是身为进士的他还是期望能够进入朝中编制。

武宗会昌二年（公元842年）初春，在陈州幕府的李商隐返回京城参加了吏部的“博学鸿词”科试。如今武宗当朝，李德裕重回朝堂，正值新政时期，朝廷缺乏安邦治国之材，所以这次考试他顺利通过，紧接着便再次进入秘书省。

这不禁让诗人想起两年前进入秘书省的情景，那是他第一次入朝为官，却一路受到阻挠，最终不得不辗转到弘农。今日再次进入秘书省，他的仕途是否会就此变得平坦？李商隐的内心充满了期待。

在大唐王朝，京城里的官员有更多升迁的机会，相对于外派官员来说，李商隐所在的秘书省又是朝廷重要部门，虽然他只是个小小的校书郎，但是依然有很多机会受到朝中重臣的关注，因为对于他们来说，和朝中大臣接触的机会实在是太多了。

能够再次进入秘书省，李商隐是满意的，从他当时创作的两首《无题》诗中，我们便可看出他当时愉悦的心情：

昨夜星辰昨夜风，画楼西畔桂堂东。

身无彩凤双飞翼，心有灵犀一点通。

隔座送钩春酒暖，分曹射覆蜡灯红。

嗟余听鼓应官去，走马兰台类转蓬。

——《无题一》

让李商隐有如此感慨的，一定是爱情。在一个星光灿烂的夜晚，阵阵和煦的晚风将人吹得分外舒心。在画楼西畔、桂堂东侧，一场欢乐的宴会正在进行。一对心心相印的才子佳人，分坐在相隔不远的两个席位上。虽然两人早已彼此属意，但碍于人多，却无法促膝谈心，他们只得用眼神来表达彼此的心意。虽然内心渴望靠得更近，可终究男女有别，因此恨不得长出一双彩凤的翅膀，飞到情人身旁。如此情形，咫尺也如天涯，可如果心灵早已连结在一起，就仿佛被一只通灵的犀角沟通了起来，浑然一体。

李商隐仿佛也在借这首诗回忆自己甜蜜的爱情。婚后多年，他遭受了朋党的无限打压，尝尽辛酸，如今终于苦尽甘来，可以用愉悦的心情去回忆一番。

闻道阊门萼绿华，昔年相望抵天涯。

岂知一夜秦楼客，偷看吴王苑内花。

——《无题二》

诗中同样回忆了当年的爱情生活，他将自己的妻子比喻为仙女萼绿华，把自己比喻为弄箫的萧史，可谓浪漫至极。

李商隐是个既真诚又天真的人，这一时期正是他政治生涯的黄金时代。他就像一艘风帆张满的帆船，在星光灿烂的夜晚，迎着和风起碇开航。美好的回忆让他更加畅想未来，希望他的未来能够风平浪静，一片坦途。

但是，事情往往并非想象中那样如意。在阶级对立尖锐的社会里，一个正直的诗人很少能一路风平浪静。按照唐制，秘书省设校书郎八员、正字二员，两年前李商隐为校书郎，现在的他却是正字。校书郎品级乃正九品上阶，而正字则为九品下阶，和两年前相比，李商隐在毫无过错的前提下，官衔却变低了，因此他的内心变得十分复杂。在看见希望的同时又迎来失望，虽然这两个官职都为清资但也有上下阶之别，为此李商隐心中感到无比苦闷。

幸好，晚唐最有才能的宰相李德裕再次得皇帝重用，朝中之事皇帝基本都十分放心地交予他处理。李德裕虽为“李党”之首，却正直忠诚，心系百姓。所以，对于李德裕的政治主张和政策，李商隐都积极支持。这次他踌躇满志，全身充满了力量，期待着有朝一日能够受到朝廷的重用。

虽从陈州返回长安，但李商隐依然和妻子王晏媄住在樊川，但是如今住在樊川却没有了以前的自在逍遥，因为诗人再次入朝为官，樊川的自然风光，他已经无暇欣赏。身为九品官，每天早上都需要上朝，而樊川与朝堂相隔甚远，每天早朝实有不便，故而李商隐偕同妻子住在连襟兼年兄韩瞻家里。就这样，李商隐的仕途之路又开始了。

自出任正字以来，朝廷局势混乱，两党之争仍在激烈地上演。李商隐由于曾经是令狐楚的门生，今又是王茂元的女婿，因此受到朝廷中“牛党”的误解与阻挠，正字官虽小，但是“牛党”依然处处为难。面对他们的刁难，李商隐只有无奈地祈祷有一天他们能够明白自己当初不得已的苦衷。

面对朝中局势，李商隐深感宦海苦楚、仕途艰险。一日，同韩瞻夫妇、妻子慢酌几杯，稍感酒意后，他回想起自己仕途的坎坷，不仅苦从心来。平日里心中的追求压抑着内心的疲倦，今日在自家，回想起任正字以来的如履薄冰，心中的压抑期望得到释放，他便吟道：

流莺舞蝶两相欺，不取花芳正结时。

他日未开今日谢，嘉辰长短是参差。

“流莺”、“舞蝶两词对仗工整，表现两者相互争斗不休，正如朝中牛、李二党，如果没到你死我亡的地步，他们依然会以血腥的手段来获得任何一次反击的机会，在一方黯然无光甚至鲜血流淌、头颅高悬时，他们依然希望以使对方永不再生的方式来发泄心中的怨恨。此时，百姓的生死存亡、安康乐业在他们看来只是戏中渲染感情的插曲。

李商隐两次进入秘书省为官，什么校书郎、正字却只有“花芳”而没有“结实”的虚华。

这首诗正是当时李商隐的心声，已至而立之年的诗人深感光阴易逝，人生苦短，世事无常。他意识到，自己虽有而立之年的年龄却无而立之年的果实，修身多年，也齐家数载，治国之事却有力无处使，数十载的韶华光阴就在这日复一日中虚度晨昏。

他深知韶华易逝，而岁不我与，纵有匡扶天下的雄心壮志，然而面对自“安史之乱”留下的残破局面，皇帝有心无力，大臣党争不停，带来的只是天下苍生的不得安宁。

会昌二年（公元842年）冬天，李商隐的母亲与世长辞，他十岁丧父，今又丧母，失去亲人的痛苦，他再也无力承受，母亲的去世对于他来说是一个巨大的打击。

母亲去世，李商隐要辞官服丧三年，这也让他感到失落，因为在他为母亲守丧的三年里，李德裕将更加得到重用，想必这个时候的“李党”正处于发展最为强大之际，而他却要错过了，恐怕此生也再难遇到如此良机了。

岳父王茂元和李德裕交情深厚，李商隐的政治主张又和李德裕相似，若是失去这次入朝为官的机会，对他这些年在仕途之上的追求无疑是一次重重的打击。但是，为母守丧，天经地义，于是李商隐因母丧辞去秘书省正字，返回郑州为母治丧，之后护送母亲灵柩从郑州回到荥阳坛山与其父合葬。

李家的祖坟在荥阳坛山，李商隐将父亲母亲合葬后，就几乎耗尽了所有的积蓄，又将夭亡的小侄女和先辈们的坟墓都迁到了荥阳坛山，一下办了五起丧事，几乎使得他身无分文。不过此次也算是完成了他多年的心愿，他的文章中曾有这样的记载，“五服之内，更无流寓之魂；一门之中，悉共归全之地。”大意是希望自己日后衣锦还乡、光宗耀祖之时，可以完成父亲的遗愿，将族人归于一处。这也是李商隐自己的愿望，身为皇族后裔，到他这一代已经没落，因而他也希望重振门风，复兴家族。

迁葬一事完毕后，李商隐又回到樊川。

会昌三年（公元843年）十月，岳父王茂元在征讨刘稹叛乱中病逝，王氏兄弟故友颇多，又有资财，故李商隐未前去治丧。

十月的长安已是寒霜蔽地，樊川的早晨已是寒风呼啸，此时的他为母守丧闲居在家，这种闲适的生活，多少年不曾有过，虽然心中的梦想此刻没有实现，但是多年来的奔波令他十分疲倦，他此刻正好可以放松下来陪着妻子四处游历，过上闲云野鹤的生活。

会昌四年（公元844年）春，杨弁作乱被平定后，李商隐决定离开长安这个有过太多悲伤、太多失望的地方，他选择到山水秀丽的永乐乡村和妻子同住，真是一幅只羡鸳鸯不羡仙的美好画面。

此时的乡村已经春意阑珊，这是万象更新的季节，芳菲飘扬，没有凋零的感觉，生命的力量在天地间表现得那么神奇，此时的大地着上绿装，美不胜收。

在风和日丽的日子，李商隐骑在驴背上，心中有着仗剑天涯的豪情，畅想着未来的美好，想必这是他整个人生中最为快乐的日子。他经常偕夫人一同出游，王氏坐在车帘挑开的马车上，与骑着驴的李商隐笑语闲谈。

那日他们快乐地来到灞水，看着桥下澄澈湍急的灞水从西北蓝田流来，又匆匆而去，向北流入了渭河。曾经有多少人在这里离别，这里的河水蕴含着数不尽的离愁。那河边的石柱便是人们常说的“灞桥华表”，这是深情的象征，也是忠贞的守护，送客到此，折柳赠别，这里流传了多少令人感叹不已的故事。

太平之世，皇帝会亲临灞水，但如今朝纲不振，刘稹、杨弁相继叛乱。王氏想到父亲若不前去征讨，也不会病逝异乡，心里也忧愤起来。后来，函谷关以东兵力不足，朝廷又四处乱抓兵丁，因而人心惶惶，百姓不得安宁。李商隐深有所思，于是吟道：

山东今岁点行频，几处冤魂哭虏尘。
灞水桥边倚华表，平时二月有东巡。

——《灞岸》

在接下来的几年间，李商隐一直闲居乡下，每日只是和乡亲们谈论天下、谈论古今。这些年，李商隐会经常停歇下来思考人生、思考生命，面对自己的人生，他似乎渐渐不再压抑、不再执着。

这样的生活如此悠闲，可却慢慢没有了基本保障，他和妻子的生活越来越窘迫。东晋陶渊明云：“人生归有道，衣食固其端!”人如果生活在饥饿之中，那么闲适、高洁都是理想主义的幻想，更何况纵使自己可以勉强度日，也不能让爱妻跟随着自己忍受饥寒啊。

第三节

遭遇滑铁卢

当十月的风霜浸染着清晨的驿道时，远处传来了铃铛与马蹄的声音。那缓缓而来的马车，承载的不仅是李商隐，还有他那抒不完、道不尽的人生苦愁。从丧父开始，李商隐的生活几乎都在漂泊中度过，虽然中间有过一段逍遥自在的田园生活，然而他心里始终对仕途充满着渴望。多次的幕僚生活让他谙熟官场的千变万化，生活赋予了他太多的磨难，他如同逆水行舟，无时无刻不在被残酷的现实打磨，但他的心是一块坚硬的玉石，始终坚守本真。

在守丧期间，李商隐创作了许多反映田园生活的诗作：

地胜遗尘事，身闲念岁华。

晚晴风过竹，深夜月当花。

石乱知泉咽，苔荒任径斜。

陶然恃琴酒，忘却在山家。

——《春宵自遣》

诗中字字句句表现了他幽居乡下的寂寞处境，只是偶尔会显出一丝超脱尘世的胸怀。李商隐曾经说自己“四年冬以退居蒲之永乐，渴然有农夫望岁之志”，可却无法像陶渊明和王维那样，将田园的美景和感人的情思描绘得淋漓尽致。

李商隐在三年守孝期间，有段时间生活在樊川，随后迁至永乐，过着田园隐居的生活。可是现实困难重重，李商隐家境贫苦，难以维持生计，这更加深了他心中的苦闷。

会昌五年（公元 845 年）春，由于精神与身体的双重打击，李商隐在永乐病倒床榻，一日三餐难以保证，无奈之际，妻子王氏只得联系亲友帮忙。她想到了李商隐的十二叔，而十二叔与李商隐的关系一直很好。

十二叔是李商隐的远房叔父，名李褒，是会昌元年拜的中书舍人。李褒亦如李商隐，从小便饱读诗书，深明圣贤之理，深得武宗信任。李褒在会昌二年（公元 842 年）出任绛州刺史，会昌四年（公元844年）又徙郑州刺史。李褒在得知李商隐生活窘迫后，便经常给以资助，并邀请他前往郑州辅助自己。他虽守丧在身，不能入幕作为幕僚，但辅佐帮忙，是不违伦理道德的。

李商隐夫妻商议后，最终决定李商隐去郑州，王氏回洛阳娘家。为生活所迫的李商隐拿起笔给十二叔写信，在《上郑州李舍人状》中云：

伏奉荣示，伏蒙赐及麦粥饼啖饧酒等，谨依捧领讫。某庆耀之辰，早蒙抽擢；孤残之后，仍被庇庥。获于茇蕹之时，累受珍精之赐，恩同上客，礼异编氓，桑梓有光，里闾加敬，负米之养，虽无及于终身，求粟于人，幸不惭于往圣。下情不任感恩陨涕之至。

妻子王氏把信叠好，交给十二叔派来给李商隐送物资的人，让他带回，并告知十二叔，李商隐即将前往郑州幕府。

前去郑州幕府需经过东都洛阳，从家里出发时李商隐的病就未痊愈，加之一路颠簸、长途跋涉，他身体更加虚弱，到达洛阳时便卧病不起，身心疲惫，再也没有前行的力气了，更别说前往道路曲折的郑州。

这段日子，李商隐住在崇让坊的宅第，这是妻子娘家的府邸，暂时的栖身让他得以休养。此处离弟弟羲叟家较近，故而他常去那里与弟弟畅谈，暂时的安稳似乎让诗人忘记了严酷的现实。可当诗人看到弟弟美满幸福的生活，又联想到自己寄居娘家的妻子，以及自己坎坷的命运，忧愁再一次爬满心头。

闲居这段时间是李商隐诗歌创作的高峰，他创作的各类诗歌都曾对后世的诗歌创作产生深远影响。虽然这个时候的他犹如遭遇人生的“滑铁卢”，可从另一方面看，世间万物皆有因果，因为人生的失落和仕途的不如意，诗人才情得以勃发，为后世留下诸多经典之作，这是我们的幸运。

虽然他的人生历程坎坷曲折，然而正是他的不幸遭遇让他看尽人世沧桑、尝遍人间疾苦，如此他才有着充沛的情感，留下永久的诗篇。

李商隐一生中写过非常多的“无题”诗，在他的所有作品中，“无题”诗在吟咏内心感情的成就上是他人无法超越的。那些诗歌是李商隐诗歌中最富有特色的部分。

这段时间里，李商隐的身体渐渐好转。

这时，朝廷传来了好消息：在宰相李德裕的支持下，会昌四年（公元 844 年）七月，王元逵和何弘敬率领两镇大军攻打邢州刺史裴向、洺州刺史王钊和磁州刺史安玉，三州投降，刘稹亲信董可武诱骗刘稹交出兵权，然后将其杀害，杨弁也被杀。这样，持续了十三个月的“昭义之乱”终于得以平定。

这样的消息让李商隐对朝廷重新燃起了希望。一日，王氏抱着一叠外来的书信给李商隐，在那叠信中，李商隐看见了令狐绹写给他的信。他颤抖着双手捧起信笺，心中感慨万千，从小到大亲如手足的他们多年没有联系了，他们之间关系的僵化也一直是诗人心中的痛处。

王氏备好了笔墨，李商隐用了一整夜的时间给令狐绹回信，信写了很长，从追忆他们少年时同窗苦读的岁月写到这些年他们之间的误会，最后附上了一首《寄令狐郎中》：

嵩云秦树久离居，双鲤迢迢一纸书。

休问梁园旧宾客，茂陵秋雨病相如。

在诗中，李商隐诉说了自己目前的状况，又忆起刚进入令狐府时的情景。初见时是仰慕和欣喜，而后是一段无忧的诗酒岁月，还有相互勉励的苦读时光……少年时代的温暖一直是李商隐久久不能忘怀的牵挂。回信寄出很久，李商隐一直期盼能够收到令狐绹的回信，可最终还是不见书信寄来。

第六章

步履·带上灵魂去旅行

第一节

且将忧思寄与秋风

会昌五年（公元845年）十月，长安城内一如往昔，街道两边已经有店铺慢慢打开了门，早起的人们在深秋萧瑟的风中准备开始这一天的经营，此时的天空还能看见似钩的寒月，冰冷的气息笼罩着长安城。

无数个翘起的檐角，等待着这一天的旭日喷薄，站在京城的高台上，可见那青黑的砖瓦在朱红的点缀中溢出在风雨中历练过的沧桑。或许在漫漫的人生旅途中，总能在不经意间得到彻悟，书墨掩映的历史在那一刻的惊诧中被吹向了未来。

李商隐在这一天早起，站在街头感受着阵阵秋风带来的凉意，曾经的坎坷仕途，或许在这宁静的清晨能够变得顺遂些。

回想过去，李商隐再次进入秘书省不到一年的光景，便不得不因母逝世而辞职守孝三年，也是这一次，他错过了武宗皇帝启用李德裕而可以让自己有所发展的大好机会。

守丧完毕后，李商隐脱下缞服，换上九品青袍，重返秘书省任职。三年的守丧生活让他的身体变得虚弱，不过疲惫与憔悴无法掩盖他此时重整旗鼓的决心。他始终热切关心着朝廷的政局，对未来也充满了无限期待。只要可以实现一番作为，他哪怕是奉献自身也在所不惜。

重返秘书省后，李商隐依然任秘书省正字。此次再来京城，他一是希望能有一个好的机会拓宽仕途，能被重用；二是希望能够再见到令狐绹，渴望兄弟之情可以回到从前。

自从上次在洛阳收到令狐绹的来信，李商隐就一直牵挂于心，也渴望这次能够和令狐绹和好如初。到秘书省打听之后，他才知道令狐绹已经外调为湖州刺史，李商隐既为令狐绹感到高兴又感到伤心，或许两人和睦的机会只能等到将来。李商隐还在想着令狐绹是否已经收到自己的回信，是否明白自己的情义和心思，信件会不会在辗转之中丢失。他内心有诸多疑问和忧思，却只能寄予秋风。

李商隐在秘书省的日常工作和以往相同，只是他在朝中遇到的刁难少了许多，因为李德裕在朝中已经站稳脚跟。他的工作很清闲，很少能参与政事的讨论，所以这对于一个具有满腔报国热忱的诗人来说是残酷的。

这一时期，李商隐的人生是安宁的，但是政治舞台上依旧风起云涌，大事不断。

唐朝大部分时期是佛道并重，两派不相上下，所以两派宗教势力为了赢得官方的支持，明争暗斗由来已久，在各个方面都是如此。唐武宗笃信道教，加之唐代后期寺院所有的土地不输课税，寺院经济过分扩张，而僧侣又免除赋役，因此损害了国库收入，与普通地主也存在着矛盾。所以，武宗下诏灭佛。

“南朝四百八十寺”的景象，在这一刻走向衰亡，各寺院中有二十万僧尼回乡参加农业生产，又有十五万奴婢恢复了自由之身。朝廷收回了寺庙所占的十万顷土地，还有大量寺庙曾使用过的金属器具。虽然灭佛运动在一定程度上恢复并促进了生产，但这却是佛教的一场浩劫。

因寺庙遭毁，经籍散佚，佛教宗派失去了繁荣的客观条件。另外，不可不提的是，对佛教的态度也是唐后期“牛李党争”的一个重要内容，当时的宰相李德裕就十分反对佛教，这一场灭佛运动就是他与唐武宗共同商议策划的。直到第二年武宗死后，宣宗即位，才下令复兴佛教。

道教是中国土生土长的宗教，追尊老子李聃为教祖。在唐武宗时期，唐武宗本人十分笃信道教，且他在未即位时已偏好道术。相传，唐武宗在位期间，曾多次服用“仙丹”想达到长生不老的目的。因需要大量道士来烧炉炼丹，武宗曾下诏召赵归真等八十一位道士入宫，设置金炉道场于三殿之中。武宗皇帝整日沉迷于炼丹以求长生之中，渐渐地荒废了政事。不仅如此，服食大量金丹之药也带来了严重的后果，武宗最后骨瘦如柴，狂躁不安，喜怒无常，最终黯然而逝。而李德裕整日忙于政事，无暇顾及禁宫之事。

自古以来，有长生不老想法的君王绝非唐武宗一个，还有秦始皇、汉武帝、唐太宗等，而他们对“长生不老”之说的信奉，也导致了一系列政治变故和社会变故。

在秘书省的李商隐看着君王整天迷醉于“长生不老”之中，心里十分难受，《汉宫词》就很明显地表达出李商隐当时的感受：

青雀西飞竟未回，君王长在集灵台。

侍臣最有相如渴，不赐金茎露一杯。

李商隐一向善用隐喻，这首诗也不例外。表面是咏叹汉代之事，讽刺汉武帝的迷信和昏庸以及不理朝政，实际上是借此来讽刺唐武宗，但因写法较为含蓄委婉，不容易直白地看出来。在当时，这种做法也不失为一个明哲保身的好方法。

诗中除了有对唐武宗的不满以外，诗人还以司马相如自比，言语之间透露出自己愤懑的心情，这样的心情来自于对唐武宗贬视人才的不满。

如此，历史和现实巧妙地交织在一起，使得诗人的想法表现得更加淋漓尽致。

但是，唐武宗并没有因诗人的劝谏或讽刺而停止笃信道教，相反他的性情变得更加急躁，逐渐有了性命之忧。而暗地里，一场政治风云正在酝酿。

一些宦官密谋，矫旨立光王李忱为皇太叔。此人自幼不苟言笑，木讷愚笨，易于操纵，而宦官们正是看中了这一点，才一起拥护他当皇帝，好作为他们的傀儡。

了会昌六年（公元 846 年），武宗重用李德裕，攘外安内，增加了国家的财源和积累，使疲困已极的中晚唐一度出现中兴的势头。但是武宗偏好道术，追求所谓的“长生不老”之方，笃信道士们炼丹的骗术，结果因服用丹药过量而中毒死去。武宗驾崩，李忱即位，为宣宗。但是，谁都没有料到，宣宗登基后，励精图治，进行大刀阔斧的改革。此时众宦官才惊觉，以往的李忱都是故作愚钝，实际上非常聪慧，而故作愚钝只是为了寻求机会上位。

登基之后，宣宗做了一系列震惊人心的事情，第一件事情就是贬谪李德裕，以此结束十分残酷的“牛李党争”。在宗教上，他实行了与武宗相反的政策，严厉抑制道教，拉拢佛教，并且杖杀了曾经名噪一时的赵归真等数名大道士，从而争取到广大的信佛民众，使得他的统治有了深厚的基础。

武宗的驾崩让李商隐的心情十分悲痛，在《昭肃皇帝挽歌辞三首》中，他这样写道：“九县怀雄武，三灵仰睿文。”他在追念武宗的丰功伟绩，表明世人都对他怀有一份敬仰之情。“笳箫凄欲断，无复咏横汾。”武宗去世后，再也没有人歌唱《秋风词》这首皇家的赞歌了。虽然悲痛，可李商隐又用“海迷求药使，雪隔献桃人”一句，斥责了那些进献“长生不老药”的人，也在指责武宗不该服用方士们那些骗人的丹药，让自己丢失了性命。

一首诗根本无法充分表达李商隐对武宗的哀悼之情：

瑶池阿母绮窗开，黄竹歌声动地哀。

八骏日行三万里，穆王何事不重来。

——《瑶池》

这是一段神话故事，周穆王曾乘坐日行三万里的由八匹骏马拉的车子到西方见西王母，与西王母饮宴于瑶池之上。临行之时，西王母希望周穆王有机会再来，周穆王表示归东土之后，等到天下升平、万民乐业之时，还会再来。可西王母再也没有见到周穆王，只能从窗外听到阵阵黄竹哀歌，因为周穆王早已不在人世。

唐武宗的崩驾，时局的动荡，让李商隐隐隐有一种不祥的预感，可面对如此现实，他也只能放声悲恸。

第二节

来一次冒险——奔赴桂州

生命就是一场冒险，如果没有冒险，生命中就不会有传奇。人怎样活着，就会怎样死去。生命历程中的每一个时刻都对未来产生着直接的影响，无论敏感、开放，抑或伪善、固执，直到死去的那一刻，冒险才会结束。

李商隐回到秘书省复职已有一年，这一年里，他依然生活在牛李两党的夹缝之中，并且随着宣宗即位，这种矛盾更加凸显，而此时他却成了秘书省的一个摆设。

虽然李商隐本人并不想卷入“牛李党争”之中，也一直努力置身于“牛李党争”之外，但恩师是“牛党”，岳父是“李党”，这样的复杂关系使得原本无党派的他被拉入党派之争的旋涡。

政治环境如此复杂，今后的李商隐注定要处于更加艰难的夹缝之中，即使他在唐文宗开成四年（公元 839 年）、唐武宗会昌五年（公元 846 年）两次入秘书省为官，但对于仕途来说也只是走到了山脚而已，还没开始登山，即使曾外任地方官员，他也是仕途多舛。

在李商隐的一生中，大部分时间都是在外派官员的幕下供职，虽然其中有几次令他十分满意，但是都好景不长。在被双方误解的情况下，“牛党”、“李党”都不会给李商隐的仕途带来任何帮助。往后观之，李商隐的一生都是如此，无论是跟随郑亚等地方官员，还是追随盐铁转运使柳仲郢担任盐铁推官，都一样是以失败而告终。

大中元年（公元 847 年），朝廷任命郑亚为桂州刺史、桂管防御观察史。早年，同是“李党”中人的郑亚深得李德裕赏识，但是如今李德裕被贬，郑亚随即失势，也被放为地方官。

郑亚与李商隐一样是荥阳人，也非等闲之辈，才华出众，有着“伟丈夫”的美誉。他早就听说过李商隐是荥阳人，故自然对他有一份天然的亲切感。从前，两人也是经常见面，饮酒赋诗，交情甚笃。此次去桂州为官，郑亚很想请李商隐入幕。

此时，身处长安的李商隐，内心极其苦闷和失望，也渴望着有一个机会施展抱负，加之目前工作收入微薄，生活困顿，所以，对于郑亚的提议，他欣然接受。

妻子整天都要照顾年幼的儿子，还要料理各种烦琐事务，因此几乎每时每刻都在忙碌着。看着妻子疲惫的样子，李商隐有过一丝犹豫。妻子看出了李商隐的心思，她深知丈夫是有志向的人，若是此刻阻止他去桂州，恐怕自己和丈夫都要遗憾终生。于是，妻子微笑地告诉李商隐，说他走后，她就会搬到六姐那里去住，自己和孩子也不会孤单，让他放开脚步大胆地去桂州。

妻子给予的理解，让李商隐感到既幸福又酸楚。他奔波多年也只是看到人生的无可奈何，但是妻子丝毫没有责怪，反而对自己不离不弃。

一首离歌唱不尽相思，在京师郊外的十里长亭，朋友们为郑亚和李商隐饯行。席间，李商隐用一首《离席》表达对前来送别的友人的谢意，更隐隐地流露出诸多不舍之情。

出宿金樽掩，从公玉帐新。

依依向余照，远远隔芳尘。

细草翻惊雁，残花伴醉人。

杨朱不用劝，只是更沾巾。

李商隐在诗中引用了《列子》中的故事。传说有一个没有主见的、名叫杨朱的人，当面前出现两条岔路时，他便会放声大哭。人们为他何故，他说不知道自己应该走哪条路，所以很悲伤。李商隐并不是像杨朱这样没有主见的人，他在离席上掉下眼泪，其实是舍不得这份友情。

在亲友们恋恋不舍的目光中，李商隐告别妻儿，和郑亚开始了长途跋涉。从京师到桂州，一共有四千七百六十里的路程，他们二人经江陵、过长沙，由北向南，自春至夏，看尽了沿途美不胜收的异地风光。可李商隐一路上创作出的诗篇并没有美好的情愫，也并未歌颂祖国的大好河山，反而带着沉郁的色彩。因为在如此政局下，李商隐尝尽了不得志的滋味，国家和自己的前途都是一片未知，他哪里还有美好的词句可言？

途径洞庭湖时，李商隐在《洞庭鱼》中写道：“浩荡天池路，翱翔欲化鹏。”就连鱼儿也有升上苍天、化为鹏鸟的一日，由此可见，哪怕是在如此失意的时刻，李商隐的志向也并未消除。

从公元 847 年三月走到五月，李商隐和郑亚终于抵达桂州。

到达桂州之后，郑亚请李商隐为掌书记，不久又升为支使，从六品上阶。此时的李商隐就像当初遇到恩师令狐楚一样，感觉到格外幸运，在他心里，早就把郑亚当成了知己。

十月，郑亚派李商隐为专史，北上江陵，见荆南节度使郑肃。在路途中，李商隐编订了旧日文稿，整理为《樊南甲集》。据《新唐书》记载，《樊南甲集》有二十卷，但至今部分作品已佚。因在去桂州的路途中，大雨连绵，江河暴涨，船只倾覆水中，李商隐也落入水中，之前所编稿件大部分被损毁，以至不能流传至后世，多少有些令人遗憾。

第二年，李商隐办完公事回来时，在湘阴又遇大雨，船遇险阻，不能前行，李商隐便登岸寻求庇护之所。

很幸运，李商隐在这里遇到了多日未见的好友刘蕡。

刘蕡见到此时的李商隐重新踏入仕途，身着六品官服，很为他感到高兴。刘蕡邀李商隐随他一同前往住所，饮酒畅谈。席间，两人各自说了这些年的经历。

李商隐讲到现在朝廷的局势，说党派纷争依然没有停歇，宣宗即位后，尤其重视“牛党”中人。这样一来，“李党”的人才大部分遭贬谪，包括自己跟随的郑亚。可两派继续争夺，互相排斥，最终只能落得两败俱伤的下场。若是两派能够停止纷争，转而把精力放在辅佐皇上，共同对付宦官和那些贪官污吏上，那么朝廷也不会像今天一样暗无天日。

李商隐慷慨陈词，如今朝廷的混乱让这个忧国忧民的诗人感到更加愤怒，眼看着朝廷纷乱不堪，自己却无能为力，他只能对朋友诉说。

而眼前的好友似乎已经失去了这样的激情，也许是因为他早看透了问题的本质。在刘蕡看来，现在的朝廷已经千疮百孔，已不仅仅是一个皇帝或者一个党派的问题。宦官专权的问题没有解决，藩镇割据的问题没有解决，百姓民生的问题没有解决……这些才是复兴国家的大问题。两人一直谈到深夜，为唐王朝的颓败之势痛惜不已。

第二日，大雨停了下来，李商隐要继续赶路，二人在黄陵江分手，看着眼前志同道合的朋友，他有诸多不舍，对他来说，一个真正的朋友太难得，多年来他行走了很多地方，也结识了很多人，但却发现像他自己一样能真正为国家着想的人少之又少。所以，面对滚滚的波涛，李商隐作了一首《赠刘司户蕡》以寄托心中的情感：

江风扬浪动云根，重碇危樯白日昏。

已断燕鸿初起势，更惊骚客后归魂。
汉廷急诏谁先入，楚路高歌自欲翻。
万里相逢欢复泣，凤巢西隔九重门。

江风浩浩，浊浪奔腾，船上的高高桅杆，在江风中摇摇晃晃，江岸上的景色显得分外冷冽。友人遭受诬陷，远贬南荒，难归乡土，诗人心中充满了深深的同情，诗文中也渗透着其对政治环境的深切感受与无奈之情。

看着岸边远去的朋友，再想到彼此的处境，诗人心中甚是凄楚，可他万万没有想到的是，这一别竟成了永诀。

他们相逢在乱世，离别在乱世，各自经历了坎坷一生。但是后来的人会记得他们的志向与真心，他们才是乱世中的真正英雄。

李商隐回到桂州后，恢复了往日的工作，在郑亚的幕府中专心做事。闲暇时李商隐会想到远方的妻儿，妻子偶尔也会写信过来，用滚烫的文字描绘着自己的现状，诉说着思念。从信中，李商隐得知，儿子衮师已经开始学走路，偶尔也会抓着笔在纸上涂鸦。每每读到妻子的信件，诗人的思念便会与日俱增，渴望与妻儿团聚。

思念情切之时，李商隐便会登楼，向远处眺望，望向长安的方向，那里有他的妻儿、他的梦想。只是，这一切看起来格外邈远。

第三节

盘桓昭州

晚唐时期，人们都认为桂州是一片蛮夷之地，可李商隐在这里却找到了世外桃源的感觉。他不仅不厌恶这里的环境，甚至对这里产生了深厚的感情。这里的一草一木、每一寸土地都给了他熟悉的感觉，他将有感而发的诗篇题写在每一面荒村瓦舍的墙壁上。

沙岸竹森森，维舟听越禽。
数家同老寿，一径自阴深。
喜客常留橘，应官说采金。
倾壶真得地，爱日静霜砧。

——《江村题壁》

诗中所写是一次乘船出游的经历。他们乘坐乌篷官船，来到一处美丽的所在。那里沙岸悠远、翠竹青森，不知名的小鸟发出婉转动听的叫声，仿佛在唱一首吴侬软语的歌曲。他们伴随着小鸟的歌声缓缓走上岸边，走过一条幽深的小径，豁然见到许多竹篱茅舍，村舍中的老人个个都是白发黄眉，一看就已很大年纪，却又非常健康。当听说他们一行是来自远方的客人时，村民们纷纷捧出一篮又一篮的柑橘来招待他们。他们问村中的老人，年轻人都到哪里去了，老人回答他们，都去采金了。这一处有着异域风情的乡村，竟然让李商隐异常兴奋，直呼找到了一个喝酒的好地方。

无论生活给了李商隐多大的打击，他依然热爱生活。桂州的风情和美景，常常让他忘记了自己凄凉的处境。在《凉思》中，他写道："天涯占梦数，疑误有新知。"可见他丝毫没有感到孤寂。而在《高松》中，他写道："高松出众木，伴我向天涯。"他不仅不孤寂，甚至还有着无限的遐想。在这里，他忘却了人间的尔虞我诈，告别了沉重的负担，精神世界得到前所未有的舒展。

桂州秀美而温柔的风光抚慰了李商隐寂寥的心，也让他萌生了"幽草幸遇晚晴，越鸟喜归干巢"的认识，思想上豁然开朗。也许，就这样平静地生活下去，也不失为一种幸运。可在他寄情山水之际，他的命运又发生了转折，他的脚步将迈向另一片土地。

大中二年 (公元 848 年) 春，李商隐被郑亚派往昭州任代理昭州郡守。

昭州即今广西壮族自治区古城平乐县，该地区历史十分悠久，远在一万年前的旧瓷器时代就已经有人在此繁衍生息，该地于三国设县，通常为历代州府之地。这里的地理位置十分特殊，是悠悠漓江、弯弯荔江和清清茶江三江汇合之地，从高处俯瞰，三江犹如三条美丽的罗裙带，流至昭州汇合后，又飘然随桂江而去。

郑亚被派往桂州后，桂州管辖地区很广，辖地有桂州、柳州、梧州、贺州、昭州等。郑亚当时的权力相对较大，可以自己任命代理郡守，若是代理郡守在职位上功绩很好，朝廷就会转正。

然而，当时的昭州并不如今天一般安宁和谐，由于山高皇帝远，坐落于西南部的各个地区大都腐败横行，民怨沸腾，昭州也不例外。当地官员竟然弃职而走，不愿意接手这样的烂摊子，政局一时大乱。百姓忍无可忍，聚众举事，一时怨声载道。

面对这样的局面，郑亚准备委派一员得力人手去替他管制，思前想后，他觉得李商隐为不二人选。虽然李商隐只是一介书生，但郑亚心里早已十分清楚，李商隐是一位常怀天下的有识之士，可以临危受命。

李商隐得知这一消息后，虽有一丝犹豫，但一想到是好友委以重任，又岂可临阵退缩！况且他满腔报国之志郁结在心中久矣，在这时代风浪中起伏时，他自身尚可感受到“山雨欲来风满楼”，更何况正在受苦的黎民百姓。

于是，李商隐临危受命，急赴昭州任上。

昭州位置靠近西南，也流传着一些光辉事迹，其中关于李靖的事迹，至今看来，和李商隐的知名度不相上下。

李靖是唐朝典型的儒将——这是后世的定论，因根据留存下来的史料看，并没有这方面的详细记载。但那时平乐民间常常流传李靖在本邑的历史功绩，人人皆知，想必此事绝不是虚传。

旧志载，在平乐城西北茶江河畔的令公庙，处于通往桥亭往长滩的古道旁边，是当地人为纪念有功于邑的李靖而建造的，可惜建造年止不详。青龙乡令公庙又名金富宫，一在矮山村前，一在金盏村。

眼前的昭州甚至比预期的还要混乱，诗人看着群众饥寒的生活，心里一阵酸楚，然而当地的官吏却作威作福，不理民事。

面对眼前的现状，李商隐曾作《昭州》一诗：

桂水春犹早，昭川日正西。
虎当官道斗，猿上驿楼啼。
绳烂金沙井，松干乳洞梯。
乡音殊可骇，仍有醉如泥。

由诗中可以看出，当时的昭州，环境险恶，官场腐败，民怨沸腾，面对这样的罪恶现实，诗人寄予了深深的同情。于是李商隐一面惩治贪腐，一面发展生产，除了制定一些规定纲领外，还亲自去市场、田间视察情况。

不久，昭州在他的治理下，经济开始有了起色，社会恢复了秩序，人们的生活逐渐好了起来。

有道是，形势比人强。正当李商隐想干一番事业以实现心中的抱负时，郑亚又受朝中党争牵累，再次被贬，此次被谪为循州（今广东惠州）刺史，李商隐亦遭池鱼之殃，结束了他短暂的代理郡守生涯。

虽然在昭州只有短短几个季度，但李商隐的励精图治却给当地人留下了珍贵的记忆，今天的桂林、平乐人民仍然深深怀念着这位才华横溢的诗人。

说到此时期的文人遭遇，李商隐首当其冲成为晚唐文人中最凄惨的例子，然而在后世记载中，他却以高洁、胸怀天下的形象出现，而那些曾经一时得势的官员们早已被湮没在历史的风尘中。

诗人的遭遇无不令人想起那些与他同病相怜的文人们，或许他们已经被人们忘记，但是他们的品质却留在人们心中。

最著名的莫过于大文豪苏轼，他的一生，无论是在朝廷为官，还是在外地任职，都有着利国利民的功绩，但却被贬无数，长年漂泊，暮年投荒，经受了无数磨难。曾经被贬黄州时，人们可以从他的词中看出他的孤高，“缺月挂疏桐，漏断人初静。谁见幽人独往来，缥缈孤鸿影。惊起却回头，有恨无人省。拣尽寒枝不肯栖，寂寞沙洲冷”。虽被贬，但是他的精神却产生了质的飞跃，因为大的灾难可以使他作出最深刻的自我剖析。

或许冷静地去承受政治打击的能力，已经能够使他去追求人生的大彻大悟，不再局限于一时的人生得失，从而放弃世间的一切名利枷锁，以回归本真的状态去迎接生活。所以，苏轼一生中，虽屡遭贬斥，但他知自我调适，随遇而安。自始至终，他也没有苟且偷生、消极避世，而是积极地融入人生。他的词文显示了他的豪迈，以及对人生的豁达态度。苏轼的精神魅力也正在于此。

此时的李商隐虽在此失去机会，但存于他心中的那团火焰还没有熄灭。

第七章

悲愁·自古天意高难问

第一节

长安的日月

“天意高难问，人情老易悲。”天意从来都是高深莫测，人世间的情感也是如此。秋是易感的季节，亦是无情的季节，一地凋零总是让人倍感落寞。

从年轻时起，李商隐就遍尝生活辛酸，一次又一次的职场失意，让他对人生有了越来越多的深刻体会。虽然他的职位低下，可他却有着远大的抱负和雄心。当恶势力欺压到头上时，他也坚决不肯低头，用诗歌表明自己的抗争和呐喊。在桂州短短一年的时间，李商隐创作了大量的诗歌，抒发了对政治的种种情感：

桂林闻旧说，曾不异炎方。

山响匡床语，花飘度腊香。

几时逢雁足？著处断猿肠。

独抚青青桂，临城忆雪霜。

——《即日》

在桂州期间，想起前人被放逐时留下的佳句，李商隐顿时产生了同病相怜之感。炎热的桂州，总让人有度日如年之感，虽然他追随郑亚来到这里，却无时无刻不在怀念着京城，因为只有那里才能施展自己的才华。可是在桂州，就连北归的使者都不多见，想给京城捎上一封信，实属不易。这种思乡之情不仅仅是对故乡的思念，更是对自己依然一事无成的感慨。

在《潭州》一诗中，他写道："目断故园人不至，松醪一醉与谁同？"自从离开了故乡，连共同饮酒作乐的人都没有了。他并非真的想找到几位"酒友"，而是在表达自己想早日建功立业的心情。

大中二年（公元848年），在桂州任上还不到一年的郑亚，接到了朝廷的又一纸贬谪诏书，他被贬为循州刺史，地位一落千丈。郑亚的贬职让李商隐失去了依托，带着黯然的心情，他踏上了北归之路。多番辗转，李商隐于同年九月中旬回到长安。

这些年来，李商隐四处入幕，居无定所，若是仕途顺利，也还能让他欢喜，可惜多年来的拼搏始终改变不了他潦倒的宿命。

眼前的长安，亦如旧日繁华，然而繁华的背后却是权力的倾轧和党派的勾结，在这里，唯一能够使李商隐内心有稍许安慰的便是留在这里的妻儿了。

如今，他的幼子衮师已经两岁多，正瞪着好奇的大眼睛看着刚刚回来的父亲，浑圆的小身子躺在李商隐怀里，和他嬉戏打闹着。衮师奶声奶气地叫着“爹爹”，李商隐不禁开怀大笑。家人团聚的幸福，这么简单，又格外珍贵。

聪明活泼、天真乖巧的儿子惹人怜爱，恰与诗人当时“憔悴欲四十，无肉畏蚤虱”的贫寒形象形成鲜明对照，于是他有感于心，写了一首流传千古的《骄儿诗》：

衮师我骄儿，美秀乃无匹。文葆未周晬，固已知六七。

四岁知姓名，眼不视梨栗。交朋颇窥观，谓是丹穴物。

前朝尚器貌，流品方第一。爷昔好读书，恳苦自著述。

憔悴欲四十，无肉畏蚤虱。儿慎勿学爷，读书求甲乙。

穰苴司马法，张良黄石术。便为帝王师，不假更纤悉。

况今西与北，羌戎正狂悖。诛赦两未成，将养如痼疾。

儿当速长大，探雏入虎窟。当为万户侯，勿守一经帙！

这首诗汲取了左思《娇女诗》的养料，表达了衮师天真烂漫的种种生活情态，文字之间足见诗人对儿子充满了怜爱，溢满了亲情。

在不吝笔力写儿子的天真可爱之时，诗人自然想到了自己大半生的漂泊，作为一介书生，唯一能实现大济苍生理想的路是科举，而他自己却深受科举之害。深感宦海沉浮的李商隐写出了对衮师的爱和期望，也道出了自己的悲愤和怀才不遇之心。所以在诗中，诗人以自己的经历告诫儿子，希望他将来不要重蹈覆辙。

李商隐的儿子衮师还有另外一个名字，叫白老，关于这个名字的来历，还有一段逸事。据说当年李商隐名扬千里时，白居易读到他的文章和诗，不禁击掌叫绝，敬佩有加，转瞬间便成了李商隐忠实的崇拜者。

一日，白居易正在自斟自饮，酒至半酣，又开始翻看李商隐的新作，不禁长叹一声，想道，若是投胎转世之后能够做李商隐的儿子该多好。由此可见，白居易对李商隐的才华是极度认可的。

白居易当时虽已告老还乡，但他也曾风云一时，于是他的这一想法很快一传十，十传百，最终传到了李商隐耳中。李商隐对他的这份厚爱自是受宠若惊，十分感激，也把这席话铭记于心。白居易病逝之后，李商隐也喜得贵子，于是给儿子取名“白老”，以示不负老前辈之夙愿。

妻子王氏看着丈夫抱着儿子在一旁玩耍，笑意浮现在温婉的面庞上。

对于妻子，李商隐心中充满了歉意，觉得自己并非一个称职的丈夫，也并非一个称职的父亲，不曾亲眼见到儿子学会走路、学会说话。看着妻子忙碌的身影，他只能叹息着，一心想着如何改变目前的局面，不再让家人受苦。

翌日，李商隐早起收拾好东西，告诉妻子自己要出去走走。诗人还是想亲自去令狐府中看看。在诗人心中，令狐绹依然是自己的故友，只是诗人不知，在他所认为的故友心中，自己早已变成可憎的敌人。

长安宽阔的大街上依然人来人往，不管朝廷中如何明争暗斗，不管边界有多少战乱，长安的美丽繁华一如既往。只是，这一切美丽与繁华，映衬得他格外失意凄凉。

转眼间，李商隐已经行至令狐府邸。守门的人已经不是旧日的面孔，李商隐告知守门人自己前来是为了拜访令狐绹，守门人转身通报，回来时说令狐大人不在府中。

李商隐只好默默离去。在接下来的几天里，李商隐天天前去拜访令狐绹，守门人给的回话却同第一次一模一样。看着熟悉的府邸，李商隐心中升起一股凉意，皱着眉头伫立在大门口，竟说不出一句话来。这一刻，他似乎明白了什么，可是又不甘心，最终还是鼓起勇气迈进了令狐府的大门。

老管家张伯让李商隐进来，如今的张伯已经满头白发，沧桑的面孔上驻满了悲伤，他也住在佣人居住的房舍里，空间狭小，十分拥挤。

看到这样的情况，李商隐痛在心里，张伯为令狐府操劳了一辈子，恩师在时，对张伯是十分尊敬的，没想到他如今却只能住在这样一间小小的陋室里。张伯看着眼前的李商隐，亦是格外怜惜。

李商隐与张伯说起了自己与令狐绹之间的事。之后从张伯的口中得知，令狐绹对自己娶了王茂元的女儿为妻一事耿耿于怀，认为他背叛了令狐家去投靠“李党”。而后来郑亚的被贬和他丢失职位都是令狐绹从中作梗。

得知事情真相，李商隐心中一阵伤感。望着这里熟悉的一草一木，李商隐忽然生出一种物是人非之感。

往事一幕幕浮起，他想起了恩师教自己写骈体文的场景。再次路过恩师的书房，李商隐停了下来，恩师的书房没有变，墙上还是挂着恩师的字画，案头摆的依旧是恩师爱看的书籍，砚台里还有恩师钟爱的徽墨。

恩师曾经小心翼翼地蘸着这些墨水教他写文章，而如今，诗人却再也不会属于这里，一切的一切浮现心头，情谊、关爱、兄弟、冷漠、误解、失落、伤怀……这样的情绪也唯有用诗词来排遣，《九日》便是他此刻最真实感受的写照：

曾共山翁把酒时，霜天白菊绕阶墀。
十年泉下无人问，九日樽前有所思。
不学汉臣栽苜蓿，空教楚客咏江蓠。
郎君官贵施行马，东阁无因再得窥。

往昔的一切都结束了，甚至包括那曾经深浓的情谊。

可是他还想再见一次令狐绹，为所有的恩怨画上句号。

最终，他们见面了，只是，一切都变了。

他深深地记得令狐绹咬牙切齿的神情和尖酸刻薄的话语，在令狐绹眼里，诗人已成了一个不折不扣的叛徒。

李商隐心中苦闷，便独自去喝酒，却意外遇到温庭筠，尽是他乡遇故人般的亲切。尽管与令狐绹的事情不愿再提及，可是遇到温庭筠，诗人就像是遇到知己一般，竟然把所有的心思倾诉而出。而温庭筠亦有着同样怀才不遇的遭遇。彼此间，两人更多了一份惺惺相惜之感。

对于同一件事，温庭筠却有着不同的态度。李商隐一心做官，苦等着未来可能到来的每一个机会，他不想从此失去信心。而温庭筠早已不想再涉足官场，只想饮酒赋诗，快意此生。可他们的内心，却摆脱不了同样的孤苦。

在李商隐的这些低吟里，在纵经横纬、密密罗织之间，可窥见命运是如何一步步把诗人逼入绝境的。若是后人能够细细品读这些杜鹃啼血般的诗词，定会发现，那些一次次抛向天空的漂亮的弧，最后都碎了，在这残酷的美中间，会勾起你心中深深的悲悯，如此，你才会对他所经历的苦痛有一丝体验。

第二节

用双脚丈量生命的宽度

一个自幼有着鸿鹄之志的人，侠肝义胆，一腔热血，却始终怀才不遇，“背恩无行，恃才诡激，放利偷合”，种种罪名加之在身，可以想象，诗人是如何挣扎度日的。

此时，回到长安的李商隐时刻可以感受到来自这个世界的冷漠和残酷。

后来，李商隐通过考试得到一个盩厔县尉的小职位，这样的职位令他突然想起十年前的自己，那时的他还是弘农县尉，与今日的官职相当，然而时间却相隔十年之久。

终究，十年之后，胸怀大志的李商隐只能原地徘徊，这更像是一种无言的讽刺。他担任盩厔县尉时间不久，又回到京城，在京兆伊尹得到一个职务。此时的他与大中元年（公元 847 年）在秘书省的情形非常相似，依旧是前途渺茫、官职卑微，京兆尹的同僚对他也很排斥。

深处窘境的李商隐度日如年，而此时又有噩耗传来，挚友刘蕡客死浔阳。李商隐不敢相信这样的事实，去年分别之时两人还相约来年要在长安见面，今日却阴阳两隔，这使得本就深陷苦闷之中的诗人感到锥心的痛楚。

刘蕡与李商隐相识于令狐府，两人志气相投。刘蕡是正直、刚正不阿之人，曾应贤良方正科考试，并在策文中痛斥宦官专权，这样的举动在当时曾引起强烈反响，可惜后来考官慑于宦官威势，不予录取，从官之后他也是一贬再贬，与李商隐际遇相仿。

李商隐对刘蕡贬谪而客死他乡极为悲痛，写了不少祭文，《哭刘蕡》是其中一首：

上帝深宫闭九阍，巫咸不下问衔冤。
黄陵别后春涛隔，湓浦书来秋雨翻。
只有安仁能作诔，何曾宋玉解招魂？
平生风义兼师友，不敢同君哭寝门。

李商隐在诗中哭诉友人的冤屈，并全然不顾朝廷不准写祭文的规定，一连写了好几首。自去年与友人在黄陵分别，两人便一直被滔滔江水阻隔，不复相见，一直盼望着相聚的那一日，却万万不曾想到，等来的却是挚友客死浔阳的噩耗。

诗人心中有深深的悲痛，但更多的是对朝廷的失望与痛心。如此少有的富才学、有韬略、具胆识、敢直言的人如今却落得如此下场，世道的变故与黑暗，将要使多少人跟着殉葬？李商隐的内心受到巨大的震荡，难道这就是所有忠义人士的结局吗？

当时，刘蕡的死讯一度传遍长安城，很多人因此而愤慨，然而碍于朝廷威势，无人敢抗议。

诗人又联想到自己的遭遇，悲愤之情早已溢满心中，《流莺》这首自伤身世的诗应运而生：

流莺漂荡复参差，度陌临流不自持。
巧啭岂能无本意，良辰未必有佳期。
风朝露夜阴晴里，万户千门开闭时。
曾苦伤春不忍听，凤城何处有花枝？

无家可归的黄莺四处飘荡，它飞过了山丘，飞过了河流，却始终无法寻觅到栖身之地。它以凄凉哀婉的叫声，表达自己的情感，可是别人的良辰美景却并不能成全它的理想。

不管阴晴云雨，不管白天黑夜，千家万户的门有开有关，唯独那只黄莺无处落脚，无法把握自己前进的方向。诗人自己也是伤春人，如今看到那孤单飘零的黄莺更是悲从中来。

昔日漂泊流浪的生活记忆统统涌现到他的脑海中，于是他更加听不得那黄莺的哀鸣。他自己又何尝不是那只流莺，经过日日夜夜的奔波之后，依旧要受到排挤、受到牵连，而这一切都是为了心中的宏图大志。

流莺无论是在刮风的早晨，还是在降露的夜晚，或者是在暴风的时刻，都在不停地鸣叫，可是放眼望去，偌大的长安城，哪里又有供流莺栖息的花枝呢?

李商隐的感伤情怀在此时早已达到高度，那日积月累的感伤或许总有一天会爆发，或许他今生只能郁郁而终。公元849年，李商隐不过三十七岁的年纪，本应是人生中的大好年华，可他却完全不似他人那般血气方刚，反而有了衰惫的感觉。在长安的这段时间，他似乎在用诗歌总结自己的人生：

沈宋裁辞矜变律，王杨落笔得良朋。

当时自谓宗师妙，今日惟观对属能。

——《漫成五章之一》

李商隐并不是在探讨诗歌艺术的源流变迁，他提到沈佺期、宋之问、王勃和杨炯这四位初唐时期著名的诗人，说他们只不过懂得点儿作诗的对仗押韵而已，当然这并非是在贬低他们。他曾经将令狐楚当作自己的老师，对老师给予自己的教导感激涕零。可是人生蹉跎，宦海浮沉，如今，就连令狐家都与他的生活越离越远了。

平生误识白云夫，再到仙檐忆酒垆。

墙柳万株人绝迹，夕阳惟照欲栖乌。

——《白云夫旧居》

“白云夫”便是令狐楚，当他的儿子令狐绹平步青云之后，令狐一家已经搬到新的居所，一次偶然路过令狐家的旧居，李商隐忽然感慨自己当初遇人不淑，人生走错了道路。

李商隐从未在党争之中对任何一方趋炎附势，一直站在自己的人生立场上，即便是惨遭放逐，也从未有任何屈服的表现。

李杜操持事略齐，三才万象共端倪。

集仙殿与金銮殿，可是苍蝇惑曙鸡。

——《漫成五章之二》

李商隐毫不隐讳地将自己和朝中正直的大臣比喻成诗仙李白和诗圣杜甫。他们虽然曾经受到皇帝的赏识，但后来又双双不得志，长期沦落江湖。李商隐感慨于他们的不幸遭遇，以肮脏的“苍蝇”比喻朝廷中那些谗谀之徒，以“曙鸡”比喻李白、杜甫和朝中那些贤士大夫。

此时的李商隐前途渺茫，只能等待契机。大中三年（公元849年）九月，一直苦等机会的李商隐得到武宁军节度使卢弘止的邀请，邀他前往徐州任职。

卢弘止也是一位十分爱才的官员，在当地的口碑极好，他早就知道李商隐的大名，因爱其才，便向他抛出橄榄枝。李商隐又一次得到机会，这也是他的最后一次机会。卢弘止的欣赏使得李商隐心中十分欣喜，怀才不遇的心境也释然了几分。

只是此时，妻子身怀六甲，李商隐不忍心再次离开，但又不得不离开。此刻，他眼前熟悉的妻子、儿子和院落的菊花又只能在异乡的梦中相见了，多少次，都是如此，从家乡到异乡，离别不断地在他的生命中上演。

妻子的脸上始终挂着温婉的笑容，安静地望着李商隐离去。衮师还小，不懂得离别为何物，然而在看到父亲眼里的泪水时竟嘤嘤地哭泣起来。

在徐州，卢弘止没让李商隐失望，不仅让他做了节度判官，还兼做记室。卢弘止本是“李党”中人，被调出京师也是因为“牛党”的排挤，如此一来，李商隐和他们相处得十分融洽。

幕僚们常常聚在一起饮酒作诗，日子过得十分轻松愉快，李商隐郁结的心被渐渐打开。来到徐州不久，妻子来信说已经生下女儿，李商隐非常高兴，又有些懊恼：高兴的是妻子顺利生下女儿，懊恼的是女儿在出生之际就没看到亲生父亲，妻子在生产时自己也无法陪伴在身边。李商隐暗自伤心着，自从和妻子结婚，很多重要时刻他都缺席，妻子一个人承受了太多。

是年十月，李商隐得知令狐绹以翰林学士承旨和兵部侍郎入相位，这个消息让他深深震颤，不知是为令狐绹感到高兴，还是为这样的人身居要位而感到愤懑。可身在这样的乱世，单凭读书无法安邦定国，虽然这样的道理当时的无数人都懂，但大家都不愿承认这样的现实，也包括诗人自己。

命运给了李商隐一次次希望，又让他一次次失望，屡次沉重的打击几乎让他放弃了再次为官的念头，不过对于眼前的境遇他还算欣慰。静夜时，诗人总会想到家中的妻儿，所以暗自决定，彻底安稳之后就把妻儿接来徐州团聚，可眼看这个愿望就要实现了，但是命运却再次没有眷顾李商隐。

大中五年（公元851年），春节刚过，卢弘止便身染重病，卧床不起，不久便与世长辞。

到此为止，曾给予李商隐希望的一些朝廷重臣——崔戎、令狐楚、郑亚、卢弘止都已病逝，而其他几位也都遭受贬黜。

李商隐只好离开徐州，回到长安，再次回到樊南旧居。此时的李商隐已近四十岁，诗名还是一如既往，但是政治前途已经极为渺茫，经济上更是潦倒穷困。

李商隐回长安后也仅仅是教儿子认字，逗一岁的女儿玩耍。女儿叫“樊瑟”，晏媄告诉李商隐，女儿只要一听到母亲鼓瑟就不哭不闹，乖乖地坐在那里，就好像能够听懂琴意一样。李商隐看着惹人疼爱的女儿，心里又是一阵酸楚。

站在一方蓝田之上，李商隐回望自己的前半生，才发现已是沧海桑田，梦醒了，人也倦了，倦在这名利场里奔走。眼前这个已经走向衰落的时代，也格外让李商隐无奈，或者还有些许憎恨。朋党之争，让如此多的才子成为政权争夺的牺牲品，自己又何尝不是呢？

诗人曾一心想着用自己的才华来报国，却屡遭不幸，这样的沉痛怨恨谁能够真正理解？

中国自古以来就是一个特别注重史鉴的国度，包括史训、诗谏等各种形式的警示诫言、舆论毁誉，然而就算历史曾留下过诸多惨痛的教训，后来者似乎也不以为然，这些所谓的史鉴并未从根本上影响到一个国家的发展。

对于眼下的局势，李商隐似乎也只能对败亡相继的历史悲剧发出近乎绝望的冷讽，然而在这冷讽中，他自己的一生也葬身在这宦海沉浮里了。

第三节

惟将终夜长开眼，报答平生未展眉

走过人生的春夏与秋冬，唯有相爱之人的一声叮咛，像一根系满牵挂的丝，带着一缕剪不断的思念。像时光的片段载着荒年，用一世的情缘来归还一生的爱恋。

在仕途遭受重大打击的李商隐，回到长安后更是感到精神萎靡。多年来，他四处漂泊，虽然仍未受到重用，但能与妻子儿女生活在一处，共享天伦之乐，也是对他精神上莫大的安慰。

妻子见丈夫每天心事重重，心中十分担忧，然而也无可奈何。自从她的父亲去世以后，夫君也常年奔波在外，游荡在各个幕府之间，二人聚少离多，在一起的日子屈指可数。她一个人在家的孤独之苦并不亚于丈夫在外奔波的劳碌之苦，直到有了儿子，生活才有了些生气。她也一个人度过了无数个清冷的日日夜夜。

李商隐并不知道，妻子在生下女儿时已经落下病根，若非别人讲起，他永远也不会知道，妻子总是以坚强的一面示人，自己的苦痛从不会告诉丈夫。

后来李商隐才知，妻子王氏得了肝病，是常年劳累所致，这种病将她折磨得面色蜡黄，眼白更是像黄烟熏过一般。

往日妻子那娇艳的面颊如今变得灰头土脸，秀发蓬乱，那双纤纤玉手几乎瘦成了皮包骨头。看到这些，李商隐心中一阵酸楚，心里想着无论如何也要去寻个一官半职，得点俸禄养家。

在家静养数日，李商隐的身体逐渐恢复。樊南的初夏，绿树成荫，鸡鸣犬吠，恰似江南水乡，若不是因穷困潦倒，这美景必是来得很适宜，可惜如今一家老小的温饱问题都亟待解决，赏景吟诗也就成了个奢侈的梦。

经过一夜的思想挣扎后，李商隐还是来到了令狐府，一位老家丁打开了门，他进入大门后，发现府中人丁稀少，与往日人来人往的场景差别甚大。按理说，如今令狐绹官高至相，不应是这幅景象。正在纳闷之时，湘叔从府中蹒跚而来，他眯着眼睛，看了好半天才认出李商隐，突然间老泪纵横。李商隐劝慰一番，便问起原因，湘叔告知，令狐绹如今飞黄腾达、位极人臣，早已不在这里居住，自己若是没有老夫人，大抵也不会住在此地，湘叔一时间泪眼朦胧。

当湘叔得知李商隐现在的状况时，便邀他和妻子儿女搬到府上与他同住，府中的张伯还给了他很多银子，让他给妻子看病。李商隐自然是不会再次搬去令狐府，告辞湘叔和张伯之后，便返回家中。

李商隐曾一直期待着令狐绹有理解自己的那一天，而如今，他几乎已经不再抱有希望。

但是真正说到李商隐和令狐绹之间的恩怨症结，后世也是众说纷纭，莫衷一是。唯一可以肯定的是，令狐绹视李商隐为无行小人并终生鄙夷的重要原因之一就是李商隐娶了王茂元的女儿。

据有关人士考证，令狐绹对李商隐的怨恨是必然的，不论他是否娶王茂元的女儿。从性情看，令狐绹是官场式的思维，在他眼里，令狐家于李商隐有恩，他日后就必然要报答；而李商隐是文人式的思维，在他眼里，自己只不过是个过客罢了。

少年时代的挚友，如今却变成不复相见的仇人；曾经那样美好的友情，如今却变得不可收拾。令狐绹一路加官晋爵，李商隐却始终落魄，多年之后，他竟也不得不再三写信给少年时代的这个朋友乞怜，想必今人读罢还会心痛，李商隐坎坷的人生和经历在隐隐之中被暴露无遗。

眼前最让李商隐痛心的是妻子的病，看着病榻上的妻子面色蜡黄，那个曾经如花的少女不见了，他心中一阵隐痛，时间和世事总是太无情，一直伤害着那些真正为生活奔波的人。李商隐日夜照看妻子，在他的精心照料之下，晏媄的病有所好转。此时，李商隐又接到了太学博士的任命，他兴高采烈地去国子监报到，因为这个职位的俸禄，正好可以为妻子看病。

上任之后，李商隐每日奔忙于朝廷和樊舍之间，虽然疲惫，但是心情舒畅。每月提取俸禄回来的时候他总要买些酒菜，与妻子边吃边话家常，笑容里写满了幸福。或许这样的场景李商隐一生都在盼望着，《夜雨寄北》就抒发了他内心的种种愿景：

君问归期未有期，巴山夜雨涨秋池。

何当共剪西窗烛，却话巴山夜雨时。

晚上，雨水早已涨满了秋天的河池，西窗之下，与心爱之人一边谈心一边剪烛，多少个日夜，在外漂泊的李商隐都盼望着在重聚的欢乐中追话共有的一切。

他还记得第一次与妻子见面的情形，晏媄弹了一首《潇湘云水》，她的手指抚在泛着光的锦瑟上，神情很美，琴音更像行云流水一般从她的纤纤玉手中缓缓流出。时光仿佛倒退了一般，美好的一幕幕不断地从眼前闪现，妻子的琴声送他远行，多少次，她又倚门盼他归来……

然而现实总是残酷的，在国子监上任月余，才知这其实是个苦不堪言的职位。

是年七月，政绩颇佳的柳仲郢向李商隐发出邀请，此人的儿子与李商隐交往甚密，两人算是文坛好友。接到邀请的时候已经是赤日炎炎的盛夏，妻子的病情虽然没有加重，可是也不见大好起来。李商隐心中始终不愉快，按理来讲，入蜀早就应当成行，因为在仕途上飞黄腾达正是他想要的，可是此时正是妻子需要自己的时候，他怎可离开？

晏媄再一次看清了丈夫的心思，多年来，丈夫的每一种心情她都懂的。她催促着丈夫入蜀，还宽慰丈夫，若是他不入蜀，恐怕自己也会因此而加重病情。

从相识的那一天起，就注定他们两人的聚少离多，为了生活和理想，他们失去了很多甜蜜的爱恋和欢愉。八月的一日，已经有了阵阵凉意，在带着花香的清风里，妻子离开了李商隐，永远地离开了。

未能见到最后一面，也未能送行，听到消息的李商隐昏厥在地，这是他这一生中遭受的最沉重的打击。

他们的孩子，尚不懂人世的伤悲，浑然不知失母的悲哀，内心空虚寂寞到极点的李商隐用诗词来排遣内心压抑的情绪，于是悼念亡妻之作《房中曲》由此诞生：

蔷薇泣幽素，翠带花钱小。娇郎痴若云，抱日西帘晓。

枕是龙宫石，割得秋波色。玉簟失柔肤，但见蒙罗碧。

忆得前年春，未语含悲辛。归来已不见，锦瑟长于人。

今日涧底松，明日山头檗。愁到天地翻，相看不相识。

相濡以沫、同甘共苦的爱妻已离去，然而她的好、她的关怀、她的真情诗人依然铭记在心。仔细算来，诗人与爱妻虽结婚长达十四年，但真正共度的日子竟不足三年。

爱妻死后，李商隐的诗词之中也经常出现“亡妇”的形象，他在情感或者记忆中都感到了深深的不安和悲痛。虽然年轻时与柳枝、宋华阳之间曾有着刻骨铭心的恋情，可是真正融进李商隐生命的女人是已经去世的爱妻，在他后来的诗歌中，人们可以明显地感觉到他的无奈、艰难和悲伤。

岁月的风霜和生活的困苦染白了李商隐的头发，他总是有自己的选择，可是命运却从不首肯他的选择，他就像一棵生长在冬天里的树，每当春天来临时，总以为枝叶会繁盛起来，然而总是天有不测风云，命运总是千变万化，使他身陷困厄……

妻子逝去以后，李商隐曾写过二十多首悼亡诗，以最深切的情感悼念死去的妻子，并且终身不续弦。“才命两相妨”的反差自古以来就是中国文人的悲哀，而李商隐在妻子去世后“穷蹇无路，落拓穷愁”的现状也只能化成一篇篇和着血与泪的悼亡诗。

经受妻子离世的痛苦后，李商隐的诗风从此发生了极大的改变，失去了从前的浪漫、痴情、追索，意绪变得消沉、萧瑟。

悼亡诗正是积压在人内心深处最沉痛、最温软的情怀的书写与融注，这些诗句里面少了温情，多的是让人心酸彻骨的离人泪，无怪乎“一寸相思一寸灰”。

第八章

安宁·一蓑烟雨任平生

第一节

犹忆春衫薄，难敌岁月长

古语说，人生的三大不幸之事分别是：少年丧母，中年丧妻，老年丧子。从此，“身无彩凤双飞翼，心有灵犀一点通”般令人艳羡的爱情生活于李商隐而言已如缥缈烟云，早就一晃而过。在残忍的命运背后，诗人只能感叹“归来已不见，锦瑟长于人”，以此来痛感物是人非。

困顿潦倒的生活并没有给李商隐很长时间去体验痛苦，他只能预言自己未来的生活：“今日涧底松，明日山头檗。愁到天地翻，相看不相识。”诗人乃多情之人，妻子离去，想必今后他多半也是郁郁寡欢了。在一首《无题》诗中，这种思念更是被他表达到了极致：

来是空言去绝踪，月斜楼上五更钟。
梦为远别啼难唤，书被催成墨未浓。
蜡照半笼金翡翠，麝熏微度绣芙蓉。
刘郎已恨蓬山远，更隔蓬山一万重。

李商隐在欺骗自己，希望妻子的逝去只是一场生离，可是人死不能复生，无情的现实将他的愿望砸得粉碎。睡眼蒙眬中，见不到睡在枕边的妻子，当清醒的一刹那，他才终于意识到，妻子再也不会回来了。李商隐一面追忆着与妻子曾经的美好生活，一面又经历着政治上的不如意。

是年十月，柳仲郢从蜀派人送来哀悼问候的书信，并带了些银两给李商隐，在信中安慰了几句，便催他立刻启程。想必朋友也是一番好意，想着若是让李商隐久久留于伤怀之地，每天也只能睹物思人，郁郁寡欢。

妻子病时，两个孩子一直是韩瞻一家在帮忙照看，如今李商隐又要离开，只好将孩子继续托付给他们。临走之时，李商隐再次进房间看了看尚在熟睡的孩子，他们睡得很安稳，年幼的他们不知何为生离死别，也不知父亲此刻即将远赴他乡。

再入川时，恍惚觉得经年的官场蹉跎都是一场昂扬的梦，它们终将飘散在人间。如今，爱妻已逝，李商隐更觉前路渺茫，在路途的瑟瑟秋风里，他飘零如一片落叶。

他别无选择，只好病骨支离，起身入川。

一路上，崇山峻岭，满是古迹斑驳的身影，大散关、阳平关，此情此景又在他心上留下凄凉与孤独的痕迹。这一次，他真的是形单影只了，此情此景促使他吟出《悼伤后赴东蜀辟至散关遇雪》：

剑外从军远，无家与寄衣。

散关三尺雪，回梦旧鸳机。

从军剑外，路途思家，然而妻亡家破，再也无人给他寄送御寒之衣。大散关大雪纷飞，行期受阻，苦不堪言，曾经欢乐的场景回照今日的冰冷现实，只能徒增悲伤。

李商隐虽然与柳璧是好朋友，可是对他父亲的情况却不甚了解，此次入川，真是前途未卜。

十月底，经过多天跋涉，李商隐终于到达梓州，柳仲郢为他举行了盛大的洗尘宴，这让一路猜度的李商隐心里轻松许多，而且眼前的柳仲郢敦实、开朗、豪爽，也让他顿感亲切。不过当李商隐得知柳仲郢只是让自己做记室时，心中划过一丝失落，这种情绪在他入川时所作的诗词中可窥见一些端倪，譬如《井络》、《张恶子庙》等。

或许柳仲郢从李商隐的神情中得知了他的不快，所以当众宣布他的官职由记室改为节度判官。节度判官是幕府中的高级幕僚，分判仓、兵、骑、胄四事，并且当时朝廷对判官一职也相当重视，还有严格的规定，比如在任职判官之前必须有任记室的经历。

柳仲郢的赏识和器重，比之卢弘止、郑亚有过之而无不及，这样的待遇让李商隐积郁胸中很久的丧妻哀伤、仕途失意的悲愤，稍稍有所平复。

李商隐任职不久，柳仲郢所管辖的东川地区与西川地区的毗连地区便发生了一起案件，柳仲郢考虑到李商隐和西川节度使杜悰是表兄弟关系，就派他前往成都会审，如此也便于处理案件和相关事宜。

杜悰为人生性庸俗愚钝，但是自恃清高，并没有将眼前这个瘦骨嶙峋的表弟放在眼里，但因朝廷有命，又有柳仲郢的推荐信，他才不敢怠慢，举行了隆重的欢迎宴会。为了答谢杜悰的盛情，李商隐接连作了几首诗。

表面上，这些诗是歌颂杜氏祖德，对杜悰报尽赞扬。当然，文采并茂的诗也让杜悰听得心绪盎然，他连连拿起手中的酒杯敬这位多才的诗人。只是，他根本不知，李商隐当初所作之诗是为抒发自己屈居下幕的不满，还有对亡妻的思念，文辞的重点是希望眼前这位杜兄能够提携相引，但没料到他只看到了歌颂和赞扬。

当然，即使杜悰明白其中的含义，也万万做不到向皇上引荐李商隐，对于李商隐的才华，他是有妒忌之心的，所以言语之间，杜悰一再地顾左右而言他，李商隐似乎明白了他的心思。

此地并非久留之地，李商隐快速把案件办完以期早日离开，案件中两个被冤入狱之人也被释放出来，他们都很感激东川节度判官的明察秋毫。案件办完，离开成都，返回梓州之时，李商隐去了浣花溪瞻仰了大诗人杜甫的故居，看到眼前的场景，诗人感伤时势、忧国忧民的思绪翻涌而上，挥毫写下了《杜工部蜀中离席》：

人生何处不离群？世路干戈惜暂分。
雪岭未归天外使，松州犹驻殿前军。
座中醉客延醒客，江上晴云杂雨云。
美酒成都堪送老，当垆仍是卓文君。

此前国家局势动荡，朝廷和吐蕃、党项经常发生边境争夺战争，紧张之时，朝廷屡派使者处理边境事宜，如今观看朝廷动向，局势似乎已经很紧张。虽沦落他乡，可是诗人心中依然饱含着忧国忧民的情感。

诗人突然想起前几天的情景，宴会之上，那些官员们只顾互相劝酒，大都庸庸碌碌、不关心国事，他的一腔爱国之心更是无人理解，他终于深刻体会到屈原那句“举世皆浊而我独清，众人皆醉而我独醒”的悲愁了。

纵使成都有美好的生活，李商隐也向往着美好的生活，可是依然漂泊无依的现实再次葬送了他这样的想法，诗人心中尽是家国无依的感伤。

李商隐停留在杜甫故居，看着这里的一草一木，竟略有熟悉之感，虽然他们都曾被历史无情地抛弃，被所处的时代讥讽，可是他们绝不会抛弃历史，也没有忘记自己所处的时代，反而是用独特的眼光来反观历史，用歌喉去吟唱他们所处的时代。

诗人和杜甫都有着人生的大理想，并且一生都在为之努力。杜甫的理想是“致君尧舜山，再使风俗淳”。李商隐的社会理想与他相似，同样是做一个对社会有贡献的人，为一个讲道德、讲秩序的封建王朝效忠。可是，残酷的现实却总是让他们的渴望化为泡影。

晚年，杜甫漂泊天涯，饥寒而死，李商隐似乎从中看到了自己的结局。

悲剧的人生和崇高的理想一旦携手，就注定了坎坷重重。虽然他们曾经矢志不渝，曾经身处夹缝而不改其志，虽然他们的诗歌在报国无门的处境下依然渗透着凌云之气，但最终，当死神靠近，一切化为尘土时，他们才能领略到操守在风中起舞的艰难。

看着眼前的杜甫故居，李商隐心绪不宁。人生大概就是如此，能在乱世中侥幸存活已属不易，更何况去成就一番自己的事业。

启程回梓州时，天色将晚，看着山间的太阳落下，余晖返照大地，李商隐突然有了与夕阳同病相怜的感觉，仿佛这世上再无任何值得牵挂之人。诗人潦倒一生，奔波一生，如今也没有像样的一官半职，虽心中尚存一腔报国之志，可是心有余而力不足。

回到梓州之后，柳仲郢看穿了李商隐心中的落寞，知道他丧妻的悲伤，也深表同情，于是心中生出一个主意。

一次宴游，柳仲郢指着一位美艳的歌伎，望着李商隐，说这位歌伎色艺双绝，若是他喜欢，可以考虑续弦。

李商隐不禁看了看眼前这位姑娘，果然美艳动人，全身充满了活力与朝气，而他近来一个人也备感孤独，找个人作伴也好，可是一想到爱妻的身影，他便收起了目光。

柳仲郢劝说李商隐，说当初要他不远万里来到梓州，就是希望他离开伤心之地，换一种心境，换一个地方，重新开始新的生活。

李商隐还是拒绝了柳仲郢的好意，即使他的诗文“多美人芳草”、“艳粉轻薄”，那也不过是“为芳草以怨王孙，借美人以喻君子”，仅此而已，别无其他。诗人很少涉及风流韵事，尤其是与妻子王氏成婚之后，就再也没有一个女子能够走进他的生活，因为对于诗人来说，妻子永远是独一无二的。

一段真挚的爱，即使是遗落在过去的岁月里，将来不复相见，也能在未来的记忆中长出叶子来，并且枝繁叶茂。

或许是因为对爱情有着深刻的理解，李商隐的爱情诗因其不一般的艺术手法和内容而千古流传。虽唐代诗歌经过盛唐和中唐的充分开拓后已难以为继，可是晚唐的李商隐却用自己的才气铸就了一段晚唐诗人也可与“李杜”匹敌的佳话。

柳仲郢的好意虽被李商隐拒绝，他却增加了对李商隐的崇敬，身处这样的环境，美艳歌伎随处可见，他却一尘不染，这样的节操实属难得。而李商隐的又一首诗作，则更是让柳仲郢见识了他对妻子的深情。

一带不结心，两股方安髻。

惭愧白茅人，月没教星替。

这首诗的名字叫《李夫人》，历史中，李夫人是汉武帝刘彻的侍姬，能歌善舞，美艳多姿，可是少而早卒，汉武帝为了纪念她，就命人把她的画像挂在甘泉宫以慰自己相思之情。李商隐写这首诗的用意就是想告诉柳仲郢，自己现在虽然孤独无依，可是对妻子的情意永不改变，自己对眼前这位姑娘也毫无情愫可言。这一方面婉拒了柳仲郢的好意，另一方面表达了自己对妻子的坚贞。

听后，柳仲郢只好作罢，此事今后再也没提起。诗人刻骨的相思和对爱情的无限忠贞也感动了无数后人。

第二节

问道求佛的困惑

生命脆微，祸福难料，人生苦短，苦空无常，兴衰相伴，这是李商隐此时对于生命最深刻的感受。从此，李商隐开始了他新的生活，在苦难深处徘徊许久的他终于认识到，欲求解脱，只有一心向道、精进修学。

公元 853 年，在入川的第三个年头，李商隐创作了一首《初起》：

想象咸池日欲光，五更钟后更回肠。

三年苦雾巴江水，不为离人照屋梁。

“初起”，指的是太阳初升，相比于太阳升起的明亮，五更天那一段黎明前的时光却分外黑暗。李商隐的住所离寺庙不远，僧人在五更时分敲起的钟声将他吵醒，这钟声阵阵，让他百转千回，想起了说不清、道不明的往事，不免肝肠寸断。天还未亮，于是李商隐想到，太阳神大概还在咸池洗澡。这三年来，他每天天不亮就会醒来，在一片黑暗之中，他的思绪陷入深深的痛苦之中。

李商隐在年轻的时候，曾经学道于玉阳，并曾一度认为自己是道教的信徒。可是他在随东川节度使柳仲郢入川任节度书记官时，有幸遇到佛门大德智玄国师，或许是命中注定他要从此解脱。

他对佛法产生了极大的兴趣，在《樊南乙集》自序中，李商隐这样写道：“三年以来，丧失家道，平居忽忽不乐，始克意事佛，方愿打钟扫地，为清凉山行者。”这分明是他想要立志出家的一种表现。

有了这样的决心，李商隐便常常住寺为行者，伴着青灯黄卷，清晨黄昏扫地打钟，精进修行。这段日子，李商隐每日早起去寺中修行，直至傍晚才归来，他希望从这些圣人留下的典籍中找到解脱自身苦痛的方法，超越现在。

李商隐甚至还拿出自己俸禄的余资，在梓州长平山的慧义精舍经藏院里，建造了五间石壁，为了表示自己的虔诚，还用金字勾勒了《妙法莲花经》七卷。他还曾经创作过一首《题僧壁》诗：

舍生求道有前踪，乞脑剜身结愿重。
大去便应欺粟颗，小来兼可隐针锋。
蚌胎未满思新桂，琥珀初成忆旧松。
若信贝多真实语，三生同听一楼钟。

“舍生求道”、“乞脑剜身”都是李商隐在种种追求破灭之后，希冀在禅宗佛海里求得精神解脱的说法。可从中不难看出，他并没有完全成为佛教的信徒，不过是在借由佛教发泄自己的不满罢了。

天生聪慧、才华卓越的李商隐，很快对博大精深的佛法妙理和因果缘起有了深刻的认知。因此，在这一时期，李商隐的诗作风格甚至与前时期迥然不同，他完全畅游在佛法中以寻求精神的解脱，因而后世人可见得一代才子李商隐在寻求自我解脱的道路上走得越来越远，而赞佛颂法自明心地的诗文也成了他诗作的主流。如李商隐吟咏的《北青萝》：

残阳西入崦，茅屋访孤僧。
落叶人何在，寒云路几层。
独敲初夜磬，闲倚一枝藤。
世界微尘里，吾宁爱与憎。

诗人在某个红日西沉的傍晚，进入山中，去拜访一位住在茅屋中的僧人。

满山的林木纷纷飘下黄叶，诗人于山林间四处流连张望，山间林木密集，僧人幽藏，诗人由此断定这位孤僧远避红尘的意趣由来已久。

诗人沿着寒云缭绕的山路盘曲而上，走着走着，已不知把那盘山之路走了几重。

千回百转，诗人终于找到了茅屋，也见到了孤僧，僧人虽只身独处，但未怠佛事，从这一点就足见其对佛的虔诚。

此时的李商隐站在茅屋外面，眼望寂静的星辰，耳听清脆的磬声，深感佛界的静谧与安详，或许从此以后，诗人再无红尘的困扰。僧人佛事已毕，诗人走进茅屋，与之促膝长谈。

交谈之中，李商隐获得很大的思想启迪。

“世界微尘里，吾宁爱与憎。”他从前虽然明白这样的道理，可是从来没有真正静下心来体会一番。佛教认为大千世界全在微尘之中，更何况是人，人也不过是微尘而已。此刻，想必诗人已经领悟到了这样的道理，因而才有最后的释怀，也暗自发誓今后不再纠缠爱憎，澄心净虑，以淡泊之怀面对仕途荣辱。

曾经，诗人在激烈的“牛李党争”中心疲力竭，也与少年挚友反目成仇，被挚友一生记恨，且被称为“叛徒”成了他生命中难以言说的痛。

再回望过去，漂泊的生活、孤独的处境、爱妻的离开、官场的不得意，经常使他感到生活在红尘中的不幸。也许对于当时的李商隐来说，唯有清净的佛门，才能给他精神上的救赎。

自此后，李商隐的心中像是被注入了一种新的力量，他开始整理编辑自己的文集，定名为《樊南乙集》。

早年学道的李商隐，晚年崇佛，无形之中，便把道与佛融二为一。另外，他也是想以此摆脱自己政治上的失意，生活上的无限苦闷，身体上的病魔纠缠。

《因果经》上说："菩萨昔以头目脑髓施于人，为求无上正真之道。"此时诗人的所作所为正是在追踪大乘菩萨精神。从李商隐的诗句中，后人不难看出，他已经深谙大能现小、小能容大、圆融无碍的佛法真谛，也用实际行动践行了高远大气的思想境界。但在李商隐看来，这一切是远远不够的，因为他还要"舍生求道"以实践他过去、现在、未来累世修行成佛的坚强决心。

后人可能会质疑，为什么李商隐能有如此高远的修学境界，不仅如此，还能写出那么多富有深意的佛学诗文？归根结底，是诗人自己的悟性，以及深厚的慧根和累世精进的修为，才造就了后来的李商隐。另外，不可否认的是，他的修为和恩师智玄国师的教诲分不开。

在他的诗词当中，也可以看到他对智玄国师的情意极其深厚，可以说，是智玄国师拯救了精神颓丧的李商隐。所以，智玄国师圆寂之后，他常行香祭拜，不忘师恩。其中，一首《送臻师》渗透着他对恩师的无限眷恋之情和发愿追随共同往生成佛的决心：

苦海迷途去未因，东方过此几微尘。

何当百亿莲花上，一一莲花见佛身。

从此首诗中已经可知诗人的心境与以前大不相同，从现存可考的诗作来看，诗人后期的大量诗作反映了其在佛法深透义理的熏修之下，开始懂得人生真谛，悟得苦空无常的实相见地。这样的心境也同样改变了诗人原有的生活和心情，最重要的是，诗人对生活的态度已经完全改变，过去那种受伤、悲怨、颓废、无奈的心境如今已经不复存在，已由开朗明快、自由自在的清净王国所取代。

对于一个潦倒半生，一心报国但始终无门的柔弱文人来说，这恐怕就是最好的结局，因为单单凭他们的意志力再也无法扭转逝去的乾坤，这一点李商隐早已看透。今日再回头，再看看曾经在官场中的挣扎、那些被历史毁誉参半的评述，似乎已没有任何意义了。

为了表示对李商隐修学佛法境界的肯定和人格的尊重，在诗人去世之后，陕西凤翔府的佛门信众，在为智玄法师建庙塑像时，也特地为李商隐造了一尊手持拂尘的塑像，想借用这样的方式来纪念他们师徒二人。

在此时期，李商隐不仅常常拜会僧人，还经常捐资修建佛寺，并且自愿整理佛经。鲁迅曾说：“释迦牟尼真是大哲，我平常对人生有许多难解的问题，而他居然大部分早已明白启示了。”李商隐信佛，与其说是一种人生的信仰，还不如说是一种心灵的慰藉、苦难中的一份菩提，从而得以在失衡的人生境况之下重获一份安慰，获得一种超越。

或许只有如李商隐这样具有独特气质的人才能真正体会佛教本义。

佛家有“四圣谛说”，即苦、集、灭、道。

在佛教看来，苦谛是人生观的基石，人生总会产生各种各样的苦。佛教认为人的一生主要有八苦，主要是：生、老、病、死、怨憎会、爱别离、求不得、五阴炽盛。苦是人生的注脚，李商隐的一生也经历了很多苦，当他接触佛教之后，内心才慢慢开始释然。

一切皆空，涅槃寂静的佛教教义不仅让李商隐获得不同的心境，更重要的是，他在现世的生活中已经学会自我放逐，这种放逐并非自暴自弃，也并非厌世悲观，而是一种退的人生哲学。

一个寻求佛法却只是为了逃避现实痛苦的人，是否真的深谙佛教本义？在后人看来，李商隐已经学会看淡这一切，可实际上，当时的李商隐并未完全超脱。

因为李商隐事佛的更大可能性只是对巨大折磨的逃避，不是人生观或者世界观的真正接受者，作为文人或者士人的典型代表，他始终摆脱不了对社会的责任感，若说这样的结局是一个彻底的悲剧，那么这绝对不仅仅是个人的悲剧，更是社会的悲剧和时代的悲剧。这些人身上整整积淀了一个时代的血雨风霜，仅仅看到李商隐身上的佛光禅影还远远不够，要读懂他，就必须从中国士人身后的文化内涵和心理处境谈起。

所以，后世的宗教超越，对于李商隐来说只是局部的东西，细细看来，他后期的诗歌也并非对佛教的简单阐释，因为李商隐自己也很明显地知道，即使是追求幻灭、色相皆空的境界，他迟早也逃不出理想、爱情、仕途的牢关，那是一条与离情去欲相反的路径。这才是真正的李商隐，但后人偏爱这样的李商隐，哪怕他潦倒终生。他有着真实的血肉，有着真情实感，有着纯粹而强大的精神支撑。

第三节

最后的旅程

生命就如同一段旅程，终有到达目的地的那一天，只有活着，才知道死亡是一种无奈的寂寞，但死亡并不残忍，所谓离去，不过是闭目安然睡去。

大中九年（公元855年），柳仲郢被朝廷调往京都，任吏部侍郎，梓州幕僚行将解散。在离别梓州之前，李商隐用一首《梓州罢吟寄同舍》总结了五年来自己的幕府生涯：

不拣花朝与雪朝，五年从事霍嫖姚。
君缘接座交珠履，我为分行近翠翘。
楚雨含情皆有托，漳滨多病竟无聊。

长吟远下燕台去，惟有衣香染未消。

在即将返京之前，同僚们以歌筵酒席相送饯行，畅叙旧情，无所不谈，可李商隐在席间却掩饰不住内心的隐痛。这五年来，不论冬夏，他日夜辛勤地在幕府中工作，与幕府的同人朝夕相处，建立了深厚的友情。他自谦自己是幕僚中的下层人物，可作为检校工部郎中衔的判官，他的地位并不低下，只不过他一直对所处地位并不满意，渴望拥有更大的发展。尽管他即将北归，但是对幕府同僚们却有着诸多不舍，他们之前的情感，让他终生难忘。

是年十一月，李商隐跟随柳仲郢回到长安，经过筹笔驿时，他感怀诸葛亮的丰功伟绩，写下一首咏怀古迹的诗篇，以此表达对诸葛亮的崇敬之情，名为《筹笔驿》：

猿鸟犹疑畏简书，风云常为护储胥。
徒令上将挥神笔，终见降王走传车。
管乐有才原不忝，关张无命欲何如？
他年锦里经祠庙，梁父吟成恨有余。

此首诗写了诸葛亮之威、之智、之才、之功，并且从字里行间可以看出诗人对诸葛亮的极度赞美。最终，诗人将着力点放在一个“恨”字上，表面是写诸葛亮，实际是在写此时准备跟随柳仲郢回长安的自己。此时，诗人思绪万千，眼看自己又将独自飘零，只能默默地感叹命运不济，虽他的理想是像诸葛亮那样救国于危难之中，却始终没有得到这样的机会。

李商隐渴望回到京师之后能够大有作为，可是生活中的种种不快，很快又将他重重包围了起来：

树绕池宽月影多，村砧坞笛隔风萝。
西亭翠被余香薄，一夜将愁向败荷。

——《夜冷》

李商隐从万里之外回到京城，每日辗转于达官显贵之间，却反而不如在边远地方感觉自由。他常常彻夜无眠，看着窗外池边的树影，听着自郊原传来的砧声，感到西风劲吹的夜里格外的寒冷。只有衰败的残荷与他遥遥相伴，孤寂、凄清像一支支冷箭，向他的心头袭来。

大中十年（公元856年），柳仲郢再次找到李商隐，后李商隐被调任为盐铁推官。任职期间，他与柳仲郢同游江东（今江苏南京、扬州一带），漫步在风情万种的江南小城，十里秦淮永远是弦乐声声，然而他却早已没有了赏乐的心情。

回到樊南，夜已经相当深沉，李商隐又想起妻子曾经倚门等他归来的样子，心中格外沉痛。他想到自己一生穷困潦倒、寄人篱下，从未让妻子过上舒适的生活，又无奈地陷于党派之争永远没有尽头。苦闷与坎坷成了他人生的标签，那是他穷其一生都未能挣脱的命运。

盐铁推官是个闲散的官职，李商隐经常借职务之便游览周围的景点，只是他疾病缠身，身体每况愈下，即使江南气候温润也难以温抚他的旧疾。

一日，李商隐再次出游时，突感身心不适，秋日，卧病扬州。

晚唐时的扬州已经成为东南的大都会，经济异常繁荣，大运河也从这里流过，然而此时的诗人却心力交瘁，已无心去关注身外的一切，外面的世界也与他无关。

大中十二年（公元858年），朝廷罢柳仲郢诸道盐铁使，李商隐也因此被罢官。

至此，拥有鸿鹄之志、济世之才，侠士肝胆、一腔热情的李商隐的仕途就此终结。回首往事，竟是仕途坎坷、一生为人幕僚，虚付了凌云万丈之才。

被罢官后的李商隐再无其他想法，只得从扬州回到荥阳老家。

自从接到父亲归来的消息，十二岁的衮师便早早做好准备迎接父亲的归来。

马车来了，衮师见到了父亲，心里暗暗一惊，眼前的父亲为何这般苍老，记忆中的父亲还是身材壮硕的模样，尤其是小时教自己念诗的时候，因而他对父亲的印象总是停留在那样的时刻。而如今，眼前的父亲不像是自己曾经认识的父亲，衮师知道，父亲的经历太过坎坷，他只能默默地拉着小妹，望着父亲。

女儿樊瑟看到父亲时一脸漠然的表情，李商隐被女儿眼中的陌生深深刺痛，离开的时候，她还是抱在怀中的幼儿，如今已经长成活泼可人的小女孩儿了。

第二日，李商隐带着衮师和小樊瑟去了妻子坟上，寂寞的荒冢周围早已杂草丛生，夕阳照射在坟头，这场景刺痛了待在原地的李商隐，他想起了自己对妻子的辜负，想起了这匆匆过往的一生，自己为了国家和宏图大志辜负了太多的人。

得知好友归来，温庭筠前来探望，眼前各自的模样不禁让两个经历了人生的痛苦与不幸，且已近垂暮之年的人怅然心酸。

虽然眼前的温庭筠看起来还是一副桀骜不羁的样子，闲暇时还是会去妓院寻欢作乐，其实他内心的孤独无人能懂。

某日，李商隐与温庭筠约好一起去长安郊外，登上最高处，看到了整个长安城。此时，太阳已经下山，看着眼前的衮师和好友温庭筠，李商隐突然觉得这最好的时光以前竟不曾有过。他看着眼前的美景，不禁想起了自己曾经写过的一首《乐游原》：

向晚意不适，驱车登古原。

夕阳无限好，只是近黄昏。

余晖映照，晚霞满天，山凝胭脂，气象万千。此时的诗人将时代没落之感、身将迟暮之悲、家国沉沦之痛，这些所有已经过去的情绪和现在拥有的情绪一起熔铸于黄昏夕照下的景物画面中。这一切，在即将消逝之前，展现出绝美的气象。

再看此时的朝廷，诗人只能暗自感叹，唐帝国的短暂繁荣实际上蕴藏着社会的严重危机，此时的繁荣也只是最后的回光返照而已。诗人深感悲凉，自己将一生献给了国家、献给了朝廷，一生忠心耿耿，然而这样的忠心耿耿最后也不得不沦丧在无用的沼泽之中。

往日的情景历历在目，诗人自己处处辗转，一生漂泊，还是无法挽救这个曾经想挽救的王朝，一个人的力量毕竟是杯水车薪，这个曾经辉煌的王朝早已病入膏肓。

虽然诗人早已看清这一切，早已看清这病入骨髓的朝廷，可是为什么还是义无反顾地去奉献自己的热血与真心呢？想必这就是所谓的矢志不渝和忠心耿耿。

秋风一夜之间把大地吹成了金黄色，黄河也不再怒吼了，长安城的人们熟睡了，似乎从不曾有过怨恨与挣扎。深夜，李商隐辗转反侧，想起了温庭筠，想起了妻子，想起了恩师，想起了令狐绹，还有在荆州匆匆离别的崔珏……渴望再见他们，跟他们好好说说话，可是外面寒风呼啸，他们怎么来相聚呢？李商隐翻了翻身，叹了口气，身体似乎有千斤重……

诗人瘦黄的脸上尚存无限的遗憾与惆怅……他走了。这一生，就这样不声不响地结束了。离开这个世界之前，眼前浮现的是平生的爱、妻子的爱、恩师的爱，乃至挚友的爱。有遗憾吗？或许有吧，或许诗人的情怀在那一刻是苦涩的，和生前一样。

前来吊丧的人并不多，就是他平日所挂念的那几个人。出殡那天，分外寒冷，寒风不停地刮，给冷冷清清的送葬行列更添了几分伤感与冷清。这样的场景像极了他辗转飘零的一生，格外凄冷。

忽而，童稚的哭声划破长空，跪在父亲坟前的衮师和樊瑟在凝固的环境中明白了父亲去世的现实，留给衮师的命运似乎和他父亲幼时如出一辙——必须过早地承受生命的悲痛。

挚友崔珏在得知李商隐去世的消息后悲痛万分，写下了两首《哭李商隐》：

成纪星郎字义山，适归高壤抱长叹。
词林枝叶三春尽，学海波澜一夜干。
风雨已吹灯烛灭，姓名长在齿牙寒。
只应物外攀琪树，便著霓裳上绛坛。

他不曾想到自己与李商隐的荆州告别，竟是永别。人生处处如此，很多时候，很多猝不及防的事情发生在身边，只能徒自叹息。

李商隐的死讯传遍长安时，不少人为之叹息。生前没有多少人关注的李商隐死后却引来了不小的轰动，曾经写的那些痛斥朝廷的文章在晚唐快要走到末路的年代里更是受到不少人的追捧。历史总是这样，总要给那些曾如此寂寥的人正名，就在他们命丧黄泉、死前含恨时。前赴后继的人们也从来没有因巨星的陨落而停止前行，或许，在前行的过程中，他们不曾思考这些牺牲背后的意义。

多年后，有人为他正名，然而时代的变幻犹如疾风骤雨，再也没有人，无论是平民还是天子，把这当作前车之鉴，似乎眼前发生的这一切，与他们无关。事实上，若是今天的人们再次回首往事，一定会明白很多以前不曾明白的道理。可那匡扶天下的情怀至今也只不过是人家的笑柄，这是时代留下的无奈。

这一年，李商隐在病痛中写了流传千古的《锦瑟》为自己的人生收尾：

锦瑟无端五十弦，一弦一柱思华年。

庄生晓梦迷蝴蝶，望帝春心托杜鹃。

沧海月明珠有泪，蓝田日暖玉生烟。

此情可待成追忆，只是当时已惘然。

当青春年华匆匆逝去，挥手目送之间，难言之痛、至苦之情也随风逝去，深情绵邈的诗人对人生痛苦的体验也不再绵长。

后记

李商隐的身上曾经积淀了整整一个时代的血雨风霜，也曾想走上离情去欲的路径，试图追求幻灭、色相皆空的佛教真谛，然而感性又满腹才情的他始终逃不出仕途、理想、爱情、青春的牢关，这是他的命运，也是他最后的归宿。

仕途坎坷，一生为人幕僚，虚付了凌云万丈之才。

一生处在“山雨欲来风满楼”的时代，当他的人生之舟在这动乱的时代风浪中起伏沉沦时，这位胸怀天下的诗人也曾写下被誉为“大唐盛世最后的挽歌”的诗句。

他一次次将痛苦深埋于心，一生漂泊，位卑年促，最终只能在匡国无路、夙志难遂的悲愤中离开人世。尽管如此，在百花齐放、繁星璀璨的唐代诗坛，李商隐仍占有重要的一席之地。

在动乱的年代，聪慧的人注定悲哀，因为“众人皆醉而我独醒”，所以他比别人先看清局势。古语有云：浮生若梦，为欢几何？但李商隐终究是七分深情，三分忧郁。

柳三变多情，苏东坡专情，元稹痴情，但深情者，唯李商隐尔。所以，至今令后人深受感动的正是李商隐内心真挚的情感与诗句。除此，别无其他。

也正是这杜鹃泣血般的歌吟，才时时引起人们对人生存在价值的深刻反省。人生最重要的依然是对生命、感情的深情眷念，李商隐的魅力也就在这里。

犹记，春蚕到死丝方尽，蜡炬成灰泪始干。

犹记，昨夜星辰昨夜风，画楼西畔桂堂东。

犹记，直道相思了无益，未妨惆怅是轻狂。

……